KASPAR HAUSER

Warum Europa
um mehr als einen badischen Kronprinzen
betrogen wurde

KASPAR HAUSER

Warum Europa
um mehr als einen badischen Kronprinzen
betrogen wurde

Sehen, Hören, Begreifen

Bilder, Text und Kunstaktionen
Juliane Černohorsky-Lücke

Musik
Helmut Schmitt

(Die Musik ist beim Verlag erhältlich.)

Verlag Ch. Möllmann

Dritte Auflage 2013

Verlag Ch. Möllmann
Schloß Hamborn 94, 33178 Borchen
Tel.: 0 52 51 - 2 72 80
Fax: 0 52 51 - 2 72 56
www.chmoellmann.de
Herstellung: Buchdruck Jürgens, Hamburg

ISBN 978-3-89979-175-4

„Es soll nicht umsonst gewesen sein."

Für meine Kinder
Sophia und Elias

für
Gaspard

und jene, die auf der Suche sind,
auf dem Weg zu einem Herzen,
das im Stande ist,
für den ganzen Erdball zu schlagen.

Mein Dank gilt allen, durch die dieses Buch möglich wurde, den Menschen, die mich in meinem Werden begleitet haben, meinen Eltern und Großeltern, meinen Lehrern und Freunden, meinem Mann und meinen Kindern.
Von Herzen bedanken möchte ich mich bei meiner Lektorin Michaela Perkounigg für ihre Geduld, ihre Klarheit und ihren Zuspruch, denn es ist auch ihr Verdienst, dass dieses Buch zu dem werden konnte, was es nun ist.
Helmut Schmitt sei gedankt für die fruchtbare Zusammenarbeit bei der „Schöpfung von Kaspar-Hauser-Musik" für dieses Buchprojekt.
Einen Dank auch an meine Schwester Stefanie, die sich der ersten Fassung meines Manuskripts annahm, meiner Patin, die mir den großen Dienst erwies, mich auf „Kanten" des Manuskripts hinzuweisen, sowie meinen Probelesern und all den Menschen, die die Entstehung dieses Buches mitverfolgten und mich immer wieder ermutigt haben, es zu Ende zu bringen. An dieser Stelle sei auch dem Paracelsus-Zweig Basel mein Dank ausgesprochen, der mir bereits 2004 eine erste Ausstellung der Bilder ermöglichte.

Danken möchte ich außerdem allen Helfern, diesseits und jenseits, die darum gerungen haben, das Kaspar-Hauser-Schicksal der „Vertrübung" zu entziehen, und so möchte ich auch jener gedenken, die dafür mit ihrem Leben bezahlen mussten.
Darüber hinaus gilt mein Dank in besonderem Maße Karl Heyer und Peter Tradowsky, auf die ich mich in meiner schriftlichen Ausarbeitung grundlegend beziehe.
Ich bin keine Historikerin und weiß es zu schätzen, dass ich mir hier die Freiheit erlauben konnte, zusammenzutragen, was mitunter gewagt erscheinen mag, was ich aber mit einer tief empfundenen Wahrheit in Einklang weiß.

MEIN DANK GILT AUS TIEFEM HERZEN ALLEN,
DIE SICH ZU KASPAR HAUSERS LEBZEITEN
SEINER ANGENOMMEN HABEN!

Inhaltsverzeichnis

11
Entstehungsgeschichte von
Bild, Text und Musik zu Kaspar Hauser

Konzept der Kunstaktionen

18
Wie sind Bilder, Text und Musik
zu verstehen?

21
Einführung

29
Bild I
Eine Geburt steht bevor
und ruft Gegenkräfte auf den Plan

35
Bild II
Michaelstag 1812
Geburt / Inkarnation
in einem bedeutenden Herrscherhaus Europas

41
Bild III
Entwendung einer Seele
— Todesmeldung —

55
Bild IV
Der Entwicklung beraubt,
gehalten an der Grenze zweier Welten
— Ungreifbares Nichts —

65
Bild V
Pfingsten 1828
Entlassen aus dem Nichts in die äußere Welt
— Geburt des Ich —

73
Bild VI
Fassungslos
der Welt preisgegeben

79
Bild VII
Ein Geist erhält Raum und leuchtet auf
Entwicklung
Kaspar Hauser — Kind Europas

87
Bild VIII
Oktober 1829
Erstes Attentat auf Kaspar Hauser

99
Bild IX
Verwundete Seele
Furcht, Verlassenheit
— Des eigenen Schicksals beraubt —

107
Bild X
Neue Lebenskraft, Reifung, Fortschritt
Verführung und Erniedrigung
durch die Gegnerschaft

115
Bild XI
Dezember 1833
Kaspar Hauser wird ermordet

133
Bild XII
Eine Seele geht
Verhindertes Schicksal, Verleumdung
— Nicht gewordene Geschichte —

169
Ausblick
Der Reinkarnationsgedanke —
eine anthropologische Notwendigkeit?

Die Verleugnung geistiger Gesetze oder
die Sabotage der Offenbarung des Christuswirkens

Der Reinkarnationsgedanke und die
Zukunftsfähigkeit unserer Gesellschaft

Materialismus und Auferstehung

186
Anhang
Gedhun Choekyi Nyima,
das gestohlene Kind Tibets

Anmerkung zu Rudolf Steiner

189
Veranstaltungen

190
Literaturverzeichnis

Entstehungsgeschichte von Bild, Text und Musik zu Kaspar Hauser

Konzept der Kunstaktionen

„Kaspar-Hauser-Transport"
„Pfingstmontag in Nürnberg"

Obwohl mich das Geschehen um Kaspar Hauser schon seit meiner Jugend in besonderer Weise berührte, schien es für mich während des Studiums an der *Akademie der Bildenden Künste München* noch nicht an der Zeit, dieses Thema in Bilder zu fassen. Aber es war etwas, das auf mich wartete und gewissermaßen der Verwirklichung harrte.
Als ich dann nach meinem Referendariat 1994 ein Kunststipendium in der Toskana erhielt, packte ich Ölfarben, Keilrahmen und Leinwand ins Auto und fuhr nach Campriano, einem Weingut siebzehn Kilometer südlich von Siena. Einst von den Etruskern begründet, findet man sich dort umgeben von jahrtausendealten Mauern und einer aus dem 15. Jahrhundert stammenden fünfeckigen Festungsanlage.
Die christlichen Ursprünge von Campriano gehen auf die Benediktiner zurück, die dort um das Jahr 1000 auf einer Anhöhe eine Kirche errichteten, um „Himmel und Erde" miteinander zu verbinden. Diese Kirche befindet sich noch immer im Herzen des Gutes und vor ihr umsäumt ein herrliches Oval alter Zypressen einen längst zugeschütteten Friedhof, von dem aus der Blick über die hügelige Landschaft der verschiedenfarbigen Felder — das „Leopardenfell" der Toskana — schweifen kann.

Auf dem weitläufigen Areal dieses Weinguts stand mir ein ehemaliges Landarbeiterhaus zur Verfügung. Dabei war ein großer schöner Raum mit herrlichem Ausblick auf besagte Landschaft für mich als Atelierraum vorgesehen. Ich beschloss jedoch sofort, in diesem Raum zu *leben,* was zugleich bedeutete, dass ein kleiner und dunkler zweiter Raum, zu dem man nur über ein paar Stufen abwärts von der Küche aus gelangen konnte, mein Atelier wurde. Völlig irrational, möchte man meinen, war

doch dort das Arbeiten, selbst während des Tages, nur mit künstlichem Licht möglich.
Was das Stipendium betraf, so hatte ich mir vorbehalten, erst vor Ort zu entscheiden, mit was ich mich künstlerisch auseinandersetzen würde. Und tatsächlich, es entstand kein einziges Bild, das die toskanische Landschaft oder deren wunderbare Atmosphäre widerspiegelte. Vielmehr tauchte ich jeden Tag für mehrere Stunden in besagten dunklen Raum ab, bis nach fünf Monaten alles gemalt war: 12 Ölbilder im Format 80 x 95. Der „Auftrag", den ich wie eine innere Verpflichtung verspürt hatte, nämlich das Kaspar-Hauser-Thema in Bilder zu fassen, war erfüllt.
Dann entstand noch ein Gemälde als Dank an die Familie Neri*, in deren Besitz sich das Anwesen Campriano befindet — und das war's! Hierauf genoss ich das italienische Leben. Der Himmel, er beschenkte mich reich, und noch immer blicke ich dankbar auf diese Zeit zurück.
Auch wenn der Entschluss, ausgerechnet in jenem dunklen Raum zu malen, eigenartig anmuten mag, so erlebte ich ihn doch als absolut stimmig. Dabei wurde mir erst im Nachhinein die Parallele zu Kaspar Hauser und dessen Unterbringung in verdunkelten Zwischengeschossen bewusst, die darüber hinaus auch jeweils ihren Zugang von der Küche aus abwärts hatten (Hochsal und Pilsach).
Die Frage, weshalb der Entstehungsort der Kaspar-Hauser-Bilder gerade Campriano war, ein Ort, an dem früher die Benediktiner gewirkt haben, sollte mich allerdings noch länger begleiten. Welche Resonanz war es gewesen, die hier in Hinblick auf Kaspar Hauser zum Tragen kam?
Da es in der Wirklichkeit (also dem, was wirkt) für mich keinen Raum für Zufälle gibt**, bewegte ich also diese Frage noch weiter in mir, bis ich eines Tages bei Lex Bos*** darauf stieß, dass es sich bei den Ordensregeln, die Benedikt den Klostergemeinschaften gab[1], um das Anklingen von etwas Zukünftigem

* Der Familie Neri und Gunter Maxhofer, auf dessen Vermittlung das Stipendium zustande kam, sei auch an dieser Stelle mein Dank ausgesprochen.
** Der Begriff „Zufall" dient uns meines Erachtens nur als „Joker", um die Kapitulation unserer unzureichenden Erklärungsmodelle zu überspielen.
*** Lex Bos (1925–2005) war Mitbegründer der Triodos Bank, Unternehmensberater und Autor.

handelte. Dabei kristallisierte sich für mich mehr und mehr heraus, dass das Schicksal Kaspar Hausers offenbar auch im Zusammenhang mit diesem Zukunftsimpuls stand, dessen Aufgreifen — wie weiter unten beschrieben — zu Lebzeiten Kaspar Hausers zweifelsohne von äußerster Relevanz gewesen wäre, vor allem angesichts der fortschreitenden Industrialisierung und Individualisierung und der damit einhergehenden Notwendigkeit einer menschenwürdigen Umgestaltung der sozialen Verhältnisse. Tatsächlich ist eine Umsetzung dieses in den Ordensregeln Benedikts keimhaft Veranlagten auf gesellschaftlicher Ebene bis heute ausgeblieben. Und vieles weist darauf hin, dass das vereitelte Schicksal Kaspar Hausers eng mit dieser Aufgabe verbunden gewesen sein könnte.
Zum besseren Verständnis der Zusammenhänge möchte ich daher noch etwas näher auf die benediktinischen Ordensregeln eingehen, insofern sie etwas Wegweisendes für die Grundstruktur einer Gesellschaft beinhalten.

Es leuchtet ein, dass eine Gesellschaftsordnung sich an der Beschaffenheit des Menschen orientieren sollte. Was die Beschaffenheit des Menschen betrifft, so wurde diese im Laufe der Geschichte immer wieder auch in ihrer Dreigliedrigkeit, bestehend aus Körper, Seele und Geist, erkannt. Nun ist es bemerkenswert, wie Benedikt in seinen Ordensregeln diesen drei Aspekten unseres Menschseins Rechnung trägt. Denn er gliederte auch das Leben der Klostergemeinschaften entsprechend in drei qualitativ verschiedene Bereiche:

das *Arbeitsleben* (Körper),
das *Zusammenleben* (Seele) und
das *geistige Leben* (Geist).

Da diese einzelnen Bereiche ihrer Natur nach aber so verschieden sind, legte Benedikt darüber hinaus jedem dieser Bereiche auch noch eigene Prinzipien zu Grunde.
So wie sich dies bereits bei Benedikt andeutet, handelt es sich dabei um genau jene Prinzipien, die uns Jahrhunderte später in den drei großen Idealen der Französischen Revolution wieder begegnen, nämlich *Freiheit, Gleichheit* und *Brüderlichkeit,* die Rudolf Steiner* zufolge auch auf die entsprechenden Bereiche

* Zu Rudolf Steiner siehe Anhang, S. 188.

innerhalb einer Gesellschaft anzuwenden wären, d.h., das Prinzip der

- *Freiheit* wäre auf den *geistigen Anteil* des Menschen und das was daraus hervorgeht, das *Kulturelle Leben* (Bildung, Religion, Kunst, Forschung), anzuwenden,
- *Gleichheit* auf die *seelischen Bedürfnisse* des Menschen, das *Sozial- und Rechtsleben* (Menschenwürde, Gleichheit vor dem Gesetz) und
- *Brüderlichkeit*/Solidarität auf die *physischen Bedürfnisse,* das *Wirtschaftleben* (Arbeitsleben, materielle Absicherung der Existenzgrundlage).

Auf der Basis einer solchen, auf dem Menschen selbst basierenden Dreigliederung unseres Staatswesens würde mit Sicherheit mehr Raum entstehen, dass jeder sein Potenzial auch zur Entfaltung bringen könnte.* Die menschlichen Interessen könnten insgesamt besser gewahrt bleiben und die Anhäufung von Macht (wie beispielsweise im Bereich Wirtschafts- oder Finanzwesen) leichter vermieden werden.** Statt dessen wird unsere Gesellschaft deformiert durch eine Vermengung der soeben genannten Lebensbereiche (Wirtschafts-, Rechts- und Geistesleben), die doch eigentlich jeder für sich — auf der Grundlage ihrer eigenen Prinzipien — ihren selbstständigen Zuständigkeitsbereich haben müssten, vergleichbar den Organen in einem gesunden Organismus. Dementsprechend wäre auch nach dem Vorbild eines gesunden Organismus ein ausgewogenes Zusammenwirken zwischen den einzelnen Bereichen anzustreben, ohne pathologische Übergriffe, die letztlich jeden Organismus zerstören.
Derzeit lässt sich gut beobachten, was geschieht, wenn beispielsweise die Wirtschaft im Bereich des *geistigen Lebens,*

* Zur Veranschaulichung: Gleiches Recht auf Bildung gebietet die Menschenwürde (Gleichheit im Rechtsleben). „Gleichmacherei" hingegen innerhalb des Bildungswesens wird der Individualität nicht mehr gerecht und so brauchen wir hier stärker das Prinzip der Freiheit (im Geistesleben), um auf den Einzelnen angemessen eingehen zu können.
** Rudolf Steiner (1861–1925) hat mit der Dreigliederungsidee des sozialen Organismus ein solches Staatswesen wiederholt angeregt, und er wurde nicht müde, nach dem Ersten Weltkrieg darauf aufmerksam zu machen, von welch immenser Bedeutung dessen Umsetzung für die Zukunft sei, um Machtmissbrauch vorzubeugen.

also unter anderem im Bereich Forschung und Erziehung, zum bestimmenden Faktor wird. In einer Gesellschaft, in der sich die Abläufe, insbesondere der Wirtschaft, immer mehr beschleunigen, mag der Begriff Schulzeitverkürzung zunächst positiv klingen. Doch dem menschlichen Wesen läuft eine derartige Beschneidung der natürlichen Reifezeit zuwider, wie für alle betroffenen Eltern, Lehrer und Heranwachsenden, seit der Einführung des „G 8" (achtjährigen Gymnasiums) deutlich zu spüren ist. Dabei liegt es doch auf der Hand, dass wir nur dann, wenn wir unser gesamtes Potenzial als Individuum auf körperlicher, seelischer und geistiger Ebene entfalten dürfen, auch später in der Lage sein werden, uns auf bestmögliche Weise in die Gesellschaft einzubringen.

So stellt sich die Frage, warum dieser leicht nachvollziehbare Grundgedanke der Notwendigkeit einer solchen Dreigliederung unseres Staatswesens in der Politik bisher nicht genauso Fuß fassen konnte wie der Gedanke der Gewaltenteilung in Legislative, Judikative und Exekutive? Fast könnte man meinen, dass hier ein Stück Geschichte „verloren gegangen" sei. Blickt man da auf die Leere, die das verwirkte Schicksal Kaspar Hausers im historischen Geschehen hinterlassen hat, lässt sich ein Zusammenhang erahnen. Es scheint, als hätten der Ordensgründer Benedikt und Kaspar Hauser den gleichen Keim in sich getragen hinsichtlich einer Umgestaltung der sozialen Verhältnisse in Richtung einer mehr dem menschlichen Wesen entsprechenden Form.

Auf Campriano, wo die Benediktiner wirkten, entstand also dieser Bilderzyklus zu Kaspar Hauser. Dort fand sich der *Raum,* den entsprechenden Impuls zu dieser Arbeit aufzugreifen. Nach Beendigung meines Toskana-Aufenthalts wurden die Bilder verpackt, weggeschlossen und zehn Jahre nicht mehr angeschaut. Währenddessen machte ich mich daran, einen kurzen Begleittext zu den Bildern und deren Titeln zu verfassen. Dabei wurde der Text immer umfangreicher und gewann an Tiefe, so dass aus dem ursprünglichen Vorhaben schließlich dieses Buch entstand. Darüber hinaus spürte ich mehr und mehr, dass das Ganze, neben den Bildern und dem Text, auch noch nach einem musikalischen Ausdruck verlangte. Als ich mich mit diesem Anliegen an Helmut Schmitt, einen befreundeten Pianisten und Komponisten wandte, fühlte sich dieser sogleich von der Idee angesprochen, griff die Anregung auf, befasste sich ebenfalls mit dem „Nürnberger Findling", und es entstanden erste *Kaspar-Hauser-Improvisationen.* So fand ich eines Tages folgende Nachricht auf meinem Anrufbeantworter: *„. . . bin ganz berauscht von der Kaspar-Hauser-Thematik; ich habe schon einiges improvisiert, sechs bis sieben Improvisationen aufgenommen, ganz erstaunlich, was sich da tut. Ich hoffe, dass dies so bleibt."* Darauf erhielt ich einen Brief: *„Ich habe das Gefühl, es kommt in nächster Zeit noch mehr Hauserisches zustande . . ."*. Schließlich folgte die Zusendung einer CD. — Und als ich diese Musik das erste Mal hörte, war ich tief berührt, in ihr genau das wiederzuerkennen, was mir vom Malen der Bilder, das nun schon zehn Jahre zurücklag, so vertraut war, was mir auch damals auf einer sehr feinen Ebene entgegen gekommen war und mich während des Entstehens der Bilder immer begleitet hatte. Nun war es — dieses nur schwer zu Beschreibende — wieder gegenwärtig, beim Hören dieser Klänge. Die Bilder und die Musik scheinen aus derselben Inspirationsquelle hervorgegangen zu sein.*

Als Brückenschlag in die Gegenwart habe ich zudem zwei Kunstaktionen konzipiert: **„Kaspar-Hauser-Transport"** und **„Pfingstmontag in Nürnberg",** denn es ist mir ein Anliegen, das Kaspar-Hauser-Thema im Bewusstsein der Öffentlichkeit am Leben zu erhalten, allen Auslöschungsversuchen zum Trotz.**

Für den Transport der Bilder an den jeweiligen Ausstellungsort war ursprünglich der Bau einer auf einem Autodach transportablen Reisebox vorgesehen. Auch wenn sich hierfür eine andere Lösung fand, ergab sich doch aus den vorangegangenen Überlegungen, obige „Reisebox" in das Kaspar-Hauser-Projekt mit einzubeziehen, das Konzept für die erste Kunstaktion, *„Kaspar-Hauser-Transport":* Ein sargähnliches schwarzes Behältnis mit der weißen Aufschrift *Kaspar Hauser,* das auf deutschen Straßen „transportiert" wird.

Kaspar Hauser, wer war das? Kaspar Hauser in einer schwarzen Kiste — soll das eine Anspielung auf die Art seiner Gefangenhaltung sein? Kaspar Hauser in einem Sarg auf einem Au-

* Die Kaspar-Hauser-Musik von Helmut Schmitt zu diesem Buch kann über den Verlag Ch. Möllmann bezogen werden.

** Siehe SPIEGEL-Genanalyse, S. 138ff.

todach — geht es hierbei etwa um die symbolische Überführung seiner sterblichen Überreste in die ihm zustehende Fürstengruft?*
Auch wenn mir nur ein Bruchteil der Reaktionen auf die Kunstaktion *„Kaspar-Hauser-Transport"* bei deren Realisierung zugänglich sein wird, so werden durch sie sicherlich einige Gedanken, Gespräche und Diskussionen unter den Verkehrsteilnehmern angeregt und damit das Kaspar-Hauser-Thema „transportiert". Mit einer ebenfalls auf dem „Sarg" vorgesehenen Webadresse soll zudem eine unkomplizierte Möglichkeit geschaffen werden, aufkommenden Fragen nachgehen zu können und damit auch auf tiefgründigere Ebenen der Kaspar-Hauser-Thematik zu stoßen.

Die zweite Kunstaktion *„Pfingstmontag in Nürnberg"* wird in ihrem entsprechenden Kontext auf S. 155 erläutert.

Mit dieser Arbeit, bestehend aus Bildern, Text, Musik und Kunstaktionen, ist der Wunsch verbunden, möglichst vielen Menschen einen Zugang zu Kaspar Hauser und der dazugehörigen Thematik zu ermöglichen; gerade auch angesichts der Relevanz, die dieses komplexe Thema tatsächlich auch heute noch für uns hat, wie aus dem weiteren Text noch hervorgeht.

Darüber hinaus fühle ich mich dem Schicksal Kaspar Hausers auch auf persönlicher Ebene tief verbunden, weil ich das Wissen in mir trage, einmal in meiner Vergangenheit keine Möglichkeit gesehen zu haben, für ihn öffentlich einzutreten, ohne sein Leben und das anderer zu gefährden. Allerdings geht es mir heute weniger um das, was dieser geschichtlichen Vergangenheit angehört, als vielmehr um das Potenzial, das im Schicksal Kaspar Hausers veranlagt war und dessen Wirksamkeit während seines irdischen Daseins zunichte gemacht wurde. Ich gehe davon aus, dass die mit seinem Schicksal verbundenen Zukunftskräfte, die offenbar von überpersönlichem Belang waren, immer noch fortbestehen, auch wenn ihnen damals durch Kaspar Hausers Ermordung ihr irdischer Kristallisationspunkt entzogen wurde.**

* Wenn nicht ohnehin, so der Offenbacher Kaspar-Hauser-Forscher Dr. Rudolf Biedermann, bereits inoffiziell geschehen; siehe S. 141.
** Siehe S. 147f.

Demnach ist es heute mehr denn je an uns, in uns selbst einen Resonanzraum für entsprechende Zukunftskräfte zu bilden, und hierzu möchte diese Arbeit beitragen: dass das *Kind von Europa,* wie man Kaspar Hauser bald nannte, mit seiner ursprünglichen Intention im Betrachter wieder lebendig wird — im Sehen der Bilder, im Hören der Musik, im Begreifen durch den Text und in der Begegnung mit den Kunstaktionen.

Wie sind Bilder, Text und Musik zu verstehen?

In dieser Arbeit wurde der Schicksalsweg Kaspar Hausers in zwölf Abschnitte gegliedert, deren Essenz bereits in den jeweiligen Titeln zum Ausdruck kommt. Diese Aufteilung findet sich durchgehend auf allen Ebenen wieder, Bilder, Text und Musik sind aufeinander abgestimmt. Demnach handelt es sich um verschiedene Zugangswege zu ein und derselben Thematik, deren Synthese den Rezipienten — und das macht diese Arbeit aus — im Sehen, Hören und Begreifen zu einem umfassenden Erleben des Kaspar-Hauser-Geschehens führen kann, das *Kopf* und *Herzwissen* in ihm vereint.

Die Bilder

Um dem Betrachter einen freien Zugang zu der Kaspar-Hauser-Thematik zu ermöglichen, arbeitete ich bei den Bildern ungegenständlich. Es ging mir darum, über eine unmittelbare Formensprache und entsprechende Farbklänge zu einem Ausdruck zu finden, der nicht durch eine gegenständliche Fixierung einengt oder überlagert wird. Dem Bilderzyklus liegt vielmehr die Absicht zu Grunde, eine Analogie zum Schicksal Kaspar Hausers zu schaffen,* die das „Unfassbare" des Gesche-

* Bereits während meines Studiums entstand von mir ein ungegenständlicher Bilderzyklus zu Rainer Maria Rilkes Gedicht *Der Panther*. Auch damals schon ging es mir darum, mittels ungegenständlicher Malerei eine bildnerische Analogie zum Inhalt und keine gegenständliche Illustration zu schaffen. (Der Bilderzyklus wurde 1990 von der Firma BMW erworben.)

hens — von dem im Weiteren noch die Rede sein wird — durch die Transformation auf eine anschauliche Ebene dennoch greifbar werden lässt.
Was die einzelnen Bildtitel betrifft, so mögen diese hilfreich sein, um sich eine erste Orientierung und Einordnung des jeweiligen Bildes im Gesamtkontext zu erschließen.
Gelingt es dem Betrachter darüber hinaus, in einer Haltung offen schwebender Aufmerksamkeit das jeweilige Bild länger auf sich wirken zu lassen, kann sich die Betrachtung zu einem Erleben verdichten, durch das der jeweilige Bildinhalt auch unmittelbar erfahrbar wird.*

Der Text

Jedem der Bilder ist ein Text zugeordnet, der in eine historische und eine okkulte** Ebene untergliedert ist. Dem Leser bleibt es also unbenommen, das Schicksal Kaspar Hausers ausschließlich auf historischer Ebene zu verfolgen. Die okkulte Ebene eröffnet jedoch darüber hinaus den Zugang zu einer weiteren Dimension. Meiner Ansicht nach bedarf es dieser weiteren Dimension, um zu einem wirklichen Verständnis der Tragweite des Kaspar-Hauser-Geschehens vorzudringen.

Die Musik

Durch die zwölf Klavierimprovisationen von Helmut Schmitt, die auf die jeweiligen Bilder und Texte abgestimmt sind, vermag sich der Hörer dem Geschehen um Kaspar Hauser darüber hinaus über Klangbilder anzunähern.

* Es sei hier der Hinweis gegeben, dass es eine gute Möglichkeit ist, in den einzelnen Bildern anhand der Farbe Rot das Schicksal Kaspar Hausers zu verfolgen.
** Zum Begriff *okkult* siehe S. 23.

Kaspar Hauser

„Das Kind Europas"
in seiner ursprünglichen Intention
sehen, hören, begreifen

— Zukunftskräften Raum geben —,
das ist das Anliegen dieser Arbeit.

Einführung

Kaspar Hauser, der Unbekannte, der 1828 in Nürnberg wie aus dem Nichts auftaucht, erregte bereits zu Lebzeiten die Gemüter unzähliger Menschen in ganz Europa. Bald schon wird er *das Kind Europas* genannt und auch der prominenteste Jurist seines Jahrhunderts, Anselm Ritter von Feuerbach (1775–1833), kommt schnell zu dem Schluss, dass es sich bei Kaspar Hauser um eine außerordentliche Person handeln müsse; um eine Person, an deren Leben oder Sterben sich große Interessen knüpften — und er sollte Recht behalten.
Feuerbach gelang es 1832, das dynastische Verbrechen so weit aufzudecken, dass es von der Kaspar-Hauser-Forschung im 20. Jahrhundert letztlich nur bestätigt werden konnte:*
Durch den vermeintlichen Tod des Thronerben Kaspar Hauser (und später den seines Bruders Alexander) versiegte die direkte männliche Linie des alten Zähringer Geschlechts. Und nur auf diese Weise wurde es der nachgeordneten zweiten Linie im Hause Baden, den Hochbergern, möglich, an die Macht zu kommen.
Auch wenn es Anselm Ritter von Feuerbach schon damals gelang, das Verbrechen auf der Ebene dynastischer Interessen zu entschlüsseln, blieb es ihm doch unverständlich, was es mit der besonderen Gefangenhaltung Kaspar Hausers auf sich hatte. Warum wurde er nicht gleich getötet, wie offenbar später sein jüngerer Bruder Alexander? Hätte dies das dynastische Verbrechen nicht kolossal vereinfacht? Warum nur nahm man über Jahre das hohe Risiko der Gefangenhaltung auf sich und verzichtete auf die endgültige Beseitigung des Thronerben?**

* Auf die irreführende und inzwischen widerlegte SPIEGEL-Genanalyse von 1996 wird in Bild XII, S. 138ff., noch ausführlich eingegangen.
** Die immer wieder auftauchende Hypothese, die Gefangenhaltung des Thronerben sei ein Mittel der Erpressung gewesen, konnte nie überzeu-

Bereits hier wird deutlich, dass die Entführung und insbesondere die spezielle Form der Gefangenhaltung des Kindes, das erst im Alter von fünfzehn Jahren in der Öffentlichkeit auftauchte, mit herkömmlichen Erklärungsmodellen allein nicht zu begründen sind.*
Um an einem Kind ein derart riskantes Verbrechen über einen so langen Zeitraum zu begehen, braucht es „außergewöhnliche" Motive. Darüber war sich auch Feuerbach im Klaren, denn zweifellos musste sich eine Reihe von Menschen langfristig mit diesem Verbrechen befasst haben und bereit gewesen sein, die notwendigen Mittel zur Verfügung zu stellen. Und dies alles, obwohl die Tötung des Kindes für die Machtergreifung der Hochberger bereits die Lösung gewesen wäre? Welche Interessen wurden also mit dieser speziellen Form der Gefangenhaltung Kaspar Hausers über etwa zwölf Jahre** in vollkommener Isolation und ohne die Möglichkeit, sich aufzurichten, verfolgt?
Auf diese drängende Frage konnte der Kriminalist Feuerbach, so sehr er auch forschte, damals keine zufriedenstellende Antwort finden, denn ihm fehlte der Schlüssel, um zu verstehen, dass dieses Verbrechen letztlich zwei Interessensebenen parallel bediente: Auf der ersten Ebene handelt es sich, wie bereits von Feuerbach erkannt, um ein dynastisches Verbrechen, das der Hochbergschen Linie im Hause Baden an die Macht verhilft. Auf der zweiten Ebene jedoch scheint das Verbrechen aus okkulten Motiven heraus begangen worden zu sein, was auch erklären würde, weshalb die sofortige Tötung des Erbprinzen — wie noch aufzuzeigen sein wird — für den entsprechenden Täterkreis kontraproduktiv gewesen wäre.
Da im Zusammenhang mit Kaspar Hauser folglich immer wieder auch von okkulten Gruppierungen oder einer okkulten Täterschaft und deren Motiven die Rede ist, soll an dieser Stelle

gend nachgewiesen werden und würde bestenfalls das Verbrechen, nicht aber die spezielle Art der Gefangenhaltung Kaspar Hausers erklären.

* Die besondere Art der Gefangenhaltung Kaspar Hausers kann als gesichert gelten; sie wurde unter anderem durch das Auffinden der Kerker (Beuggen und Pilsach) sowie durch physische und psychische Beobachtungen an ihm immer wieder bestätigt und hat zudem ihren Niederschlag in entsprechenden medizinischen Gutachten und Obduktionsergebnissen gefunden (siehe Bild III, IV, V und XII).

** Von ca. drei Jahren bis zum sechzehnten Lebensjahr.

zunächst eine Begriffsklärung erfolgen: Das Wort *okkult* leitet sich aus dem Lateinischen *occultus,* verborgen, ab. Mit dem Begriff wird meist das Wissen um Geheimes, Verborgenes, Nicht-Sichtbares, Geistiges verbunden. Grundsätzlich kann dieses Wissen positiv, aber auch negativ angewandt werden. Mit okkulter Täterschaft sind jedoch hier im weitesten Sinne Gruppierungen gemeint, die um geistige Zusammenhänge wissen und auf der Grundlage dieser Kenntnisse nahezu unbemerkt Ereignisse zu kreieren oder zu manipulieren verstehen, die sich gegen Kaspar Hauser und die Verwirklichung seines ursprünglichen Schicksalsauftrags richten. Diese Gruppierungen sind allerdings durch die Art ihres Vorgehens nur schwer fassbar. Beispielsweise verstehen sie sich darauf trotz gegenteiliger Kenntnis die Tatsache einer geistigen Dimension unseres Daseins kategorisch zu leugnen*, obwohl — oder gerade weil — ihr eigenes Handeln genau auf diesem Wissen basiert, was sie nahezu unangreifbar werden lässt, wie wir noch sehen werden.
Hinzu kommt, dass durch die Geheimhaltung und später durch die Sabotage okkulten beziehungsweise spirituellen Wissens die Öffentlichkeit zunehmend dahingehend beeinflusst wurde, dass entsprechende Kenntnisse, selbst auf höchstem Niveau, bis heute nicht „salonfähig" werden konnten. So ist häufig schon der Satz ausreichend *„Das klingt mir alles zu sehr nach Verschwörungstheorie!",* um sich in einem Gespräch schlagartig in eine Überlegenheitsposition zu bringen. Meist ist damit die Diskussion auch schon beendet, und das, obwohl sich entsprechender Gesprächspartner in der Regel noch gar nicht näher mit einer solchen Dimension einer Thematik befasst hat.**
Allein an diesem Beispiel wird deutlich, wie leicht es letztlich ist, uns zu manipulieren. Man muss es nur verstehen, sich unsere fehlende Bewusstheit und Bequemlichkeit zunutze zu machen und entsprechende Floskeln in Umlauf bringen, auf die

* Siehe auch S. 151.

** Wir können uns auch fragen, warum eigentlich nur das Wort Verschwörungs*theorie* und nicht auch Verschwörungs*praxis* in unserem Sprachgebrauch existiert, meist mit dem abfälligem Beiklang und der latenten Unterstellung, dass es sich lediglich um Hirngespinste handele? Finden wir in Wirtschaft und Politik etwa nicht Verbündete, die sich insgeheim eigennützigen Zielen verschrieben haben, unter bewusster Täuschung anderer, und dies in die Praxis umsetzen?

wir dann unwillkürlich zurückzugreifen, sobald wir Gewohntes hinterfragen müssten.

Zum besseren Verständnis der weiteren Zusammenhänge sei auch noch erwähnt, dass sich, was Gruppierungen betrifft, vereinfacht gesprochen zwei einander entgegengesetzte Richtungen unterscheiden lassen.
Auf der einen Seite gibt es Gruppierungen, denen es meist um Machtinteressen geht, die der geistigen Weiterentwicklung des Menschen zuwiderlaufen. Dabei wird der Mensch auf sehr subtile Weisen seiner Freiheit beraubt und instrumentalisiert. Die Geschichte ist voll von entsprechenden Beispielen und die okkulte Täterschaft, um die es in diesem Buch geht, wäre hierunter einzuordnen.
Auf der anderen Seite gibt es Gruppierungen, deren Bestreben es ist, für eine gesunde Weiterentwicklung des wahrhaft Menschlichen die besten Voraussetzungen zu schaffen, indem sie um Freiheitsrechte kämpfen und um ein Bewusstsein, das zur Selbstverantwortung fähig ist, bis hin zur Liebe zum Weltganzen. In diesem Zusammenhang wären Gruppierungen zu nennen, die für Menschenrechte eintreten, und solche, denen es um Nachhaltigkeit im Umgang mit unseren Ressourcen geht.

Doch kommen wir zurück zu Kaspar Hauser. Hier ist also die Erkenntnis von Bedeutung, dass sich in seinem Fall dynastische und okkulte Interessen überschneiden. Wobei eine okkulte Täterschaft es offenbar versteht, die dynastische Ebene so zu instrumentalisieren, dass sie mit ihrem eigenen Vergehen an Kaspar Hauser weitgehend unbehelligt bleibt. Denn mit der Aufdeckung der Tat auf machtpolitischer Ebene der Hochbergschen Linie scheint das Verbrechen an Kaspar Hauser zunächst eine plausible Erklärung zu finden — zumindest wenn man die besondere Art der Gefangenhaltung außen vor lässt —, wodurch sich weiterführende Nachforschungen aus Sicht der meisten Historiker denn auch erübrigen. Infolgedessen kann es für derartige Täter jener Verbrechen, wie sie an Kaspar Hauser und anderen* verübt wurden und werden, keinen größeren

* Siehe Fußnote S. 32, S. 128, und Anhang: Gedhun Choekyi Nyima, das gestohlene Kind Tibets, S. 186f.

Schutz geben als die allgemeine Nicht-zur-Kenntnis-Nahme einer erweiterten Sichtweise, zu der auch eine Menschenkunde gehört, die neben der körperlichen in gleicher Weise auch der seelisch-geistigen Dimension unseres Menschseins Rechnung trägt. Ist es nicht ungeheuer naiv oder vielmehr ignorant von uns Menschen, zu glauben, dass dasjenige, was unserer gewöhnlichen Wahrnehmung nicht unmittelbar zugänglich ist, folglich auch nicht vorhanden beziehungsweise ohne Belang sei? Bereits der Blick durch ein Mikroskop belehrt uns eines Besseren, und dennoch bewahrt sich ein Großteil der Naturwissenschaftler seine Ressentiments gegenüber einer ganzheitlichen Sichtweise unserer Existenz. Wer in der Forschung das unausgesprochene Dogma der Inexistenz beziehungsweise Irrelevanz einer geistigen Dimension missachtet, befördert sich meist immer noch in eine Außenseiterposition. War es bei Galileo Galilei die Kirche, die sich einem Paradigmenwechsel entgegenstellte, so ist es heute mehrheitlich die Wissenschaftswelt selbst, wenngleich sich mittlerweile auch hier ein Wandel abzeichnet.
Rudolf Steiner jedenfalls betonte schon früh die Notwendigkeit einer konstruktiven Ergänzung der Naturwissenschaften durch eine Geisteswissenschaft zur Erforschung der ebenfalls existenten, jedoch physisch nicht greifbaren geistigen Gegebenheiten, die gleichermaßen Bestandteil unseres Menschseins sind. Tatsächlich wird erst auf der Grundlage einer solchen um die geistige Dimension erweiterten Menschenkunde* verständlich, weshalb das Kind Kaspar Hauser zunächst nicht getötet, sondern gefangen gehalten wurde und weshalb man seine Gefangenhaltung gerade in dieser speziellen Art durchführte. Mehr noch, es wird auf geradezu erschreckende Weise deutlich, mit welch fundiertem spirituellem „Sachverstand" das Verbrechen an Kaspar Hauser begangen wurde.
Zu Lebzeiten des Ansbacher Juristen Anselm Ritter von Feuerbach, der bezüglich Kaspar Hauser schreibt: „Seit Jahren ist er der erste und wichtigste Gegenstand meines Beobachtens, Forschens und Sorgens, meiner höchsten Teilnahme als Mensch, Gelehrter und Staatsmann",[2] waren allerdings spirituelle Kennt-

* Im Falle Rudolf Steiners basieren diese spirituellen Erkenntnisse auf der Grundlage geistiger Beobachtungen nach naturwissenschaftlicher Methode.

nisse über den Menschen noch nicht allgemein zugänglich, sondern nur bestimmten Personenkreisen vorbehalten. Deshalb konnte Feuerbach auch keine befriedigende Antwort auf die entscheidenden, noch offenen Fragen zu Kaspar Hauser finden. Wäre ihm schon damals eine spirituelle Menschenkunde zugänglich gewesen, ein Mann seines Formats hätte sofort die tieferen Zusammenhänge durchschaut und das Motiv für dieses okkulte Verbrechen gefunden, schreibt Peter Tradowsky, der 1984 gemeinsam mit dem Historiker Johannes Mayer ein neues, mehr als achthundert Seiten umfassendes Standardwerk zur Kaspar-Hauser-Forschung verfasste.[3]

Es liegt also nahe, dass es jenseits des dynastischen Verbrechens bei Kaspar Hauser — *„dem Kind Europas"* — um mehr geht als bei seinem Bruder Alexander, dem vier Jahre nach ihm geborenen Erbprinzen, dessen früher Tod wohl ebenfalls kein natürlicher war. Es geht bei Kaspar Hauser offenbar um ein „Mehr", das in seiner Individualität und seinem Schicksalsauftrag für Europa begründet liegt und um das die okkulte Täterschaft wusste.

Bild I

Eine Geburt steht bevor und ruft Gegenkräfte auf den Plan

Historische Ebene

Im Januar 1806 sucht der mächtigste Mann Europas, Napoleon I., persönlich das älteste noch lebende deutsche Fürstengeschlecht, die Zähringer in Karlsruhe auf, deren Land Baden, angrenzend an Frankreich, für ihn von großer strategischer Bedeutung ist. Der Zweck seines Besuchs besteht darin, ein Bündnis zwischen Frankreich und Baden zu schließen. Damit dies gelingt, erklärt sich Napoleon sogar dazu bereit, eine entfernte Verwandte seiner Frau zu adoptieren, um diese mit dem Kronprinzen Karl von Baden vermählen zu können.

So wird Stéphanie-Adrienne-Luise de Beauharnais Adoptivtochter Napoleons und heiratet als kaiserliche und königliche Hoheit mit dem eigens für sie geschaffenen Titel *Fille de France* den Thronfolger Badens. Außerdem wird Baden zum Großherzogtum ernannt und erfährt im Zuge der napoleonischen Umstrukturierung noch einmal, wie schon durch die Säkularisation, eine gewaltige Gebietserweiterung.

Tatsächlich verdankt kein anderes deutsches Land der Politik Napoleons einen derartigen Gebietszuwachs wie Baden. Die Schaffung eines einheitlichen badischen Staatsgebildes — vom Bodensee bis zum Main — ist auch insofern eine Besonderheit, als sie ausschließlich auf diplomatischem Wege erreicht wurde. So erwirkt Napoleon im Juli 1806, dass sich sechzehn deutsche Fürsten von Kaiser und Reich lossagen und den so genannten *Rheinbund* unter seiner Schutzherrschaft gründen. Daraufhin legt der deutsche Kaiser Franz II. die Kaiserkrone nieder, und es kommt zur Auflösung des *Heiligen Römischen Reiches Deutscher Nation.* Baden erlangt im Zuge dessen die volle staatliche Souveränität und wird Königreich.

Der Markgraf und spätere Großherzog Karl Friedrich, der 1746 seine Regentschaft noch über ein Gebiet von rund siebenhun-

dert Quadratkilometern mit etwa sechsundachtzigtausend Einwohnern antrat, hinterlässt somit nach seinem Tod 1811 seinem Enkel Karl* und dessen Frau Stéphanie ein Großherzogtum, das sich flächenmäßig mehr als verzwanzigfacht hat und nun fast eine Million Einwohner zählt.
1812 ist es dann so weit, Stéphanie, kaiserliche und königliche Hoheit, Großherzogin von Baden, erwartet nach der Geburt ihrer Tochter Luise ihr zweites Kind. Sollte sie nun einen Sohn zur Welt bringen, wäre damit der ersehnte Kronprinz für das Land Baden geboren. Nur das Aussterben der direkten Zähringer Linie im Mannesstamm würde es der zweiten Linie im Hause Baden, den Hochbergern, einem Nebenzweig der alten badischen Dynastie, ermöglichen, an die Macht zu kommen.**
Es sei hier der Vorgriff erlaubt, dass Stéphanie insgesamt fünf Kindern das Leben schenkte, drei Töchtern und zwei Söhnen, deren Gesundheit nach der Geburt ausdrücklich von den Ärzten bestätigt wurde. Doch nur ihre Töchter blieben am Leben, während ihre Söhne — die beiden Thronanwärter — ganz unerwartet schon als Säuglinge beziehungsweise im Alter von gerade mal einem Jahr, offiziell starben.

Okkulte Ebene

Die Stadt Karlsruhe, in der 1812 die Geburt des Erbprinzen erwartet wird, gehört zu einer der letzten großen europäischen Stadtgründungen, die als Gesamtentwurf auf dem Reißbrett entstanden sind, getragen von der weitreichenden Vision, eine europäische Modellstadt der Zukunft zu errichten. Bemerkenswerterweise geht die Gründung Karlsruhes 1715 auf ein Gelöbnis des Markgrafen Karl Wilhelm (1679–1738) zurück. Dieser hatte, der Überlieferung nach, bei einer Ruhepause während eines Jagdausritts im Hardtwald einen visionären Traum gehabt, in dem er eine sich wie ein Fächer ausbreitende Stadt schaute. Dieses Erlebnis war für den Markgrafen offenbar von

* Karls Vater, Karl Ludwig, war bereits 1801 bei einem Unfall in Schweden ums Leben gekommen.
** Der Nebenzweig der alten badischen Dynastie ging aus der zweiten Ehe des Großherzogs Karl Friedrich mit der standesmäßig nicht ebenbürtigen Luise Geyer von Geyersberg, seit 1796 Reichsgräfin von Hochberg, hervor.

solcher Intensität, dass er schwor, diese Stadt zu errichten, deren Namengebung auch heute noch an dessen Ruhe *(Karlsruhe)* im Hardtwald erinnert.
Im Mittelpunkt dieser sodann aufblühenden Stadt wurde ein Schloss erbaut, von dem sich zweiunddreißig Straßen wie Strahlen nach allen Himmelsrichtungen ausbreiten. Es ist der Ort, an dem Ende September 1812 die Geburt des ersehnten Erbprinzen bevorsteht. Dabei kann schon allein jene bauliche Anordnung wie ein Bild dafür aufgefasst werden, dass ausgehend von diesem Schloss ein großer Impuls in die Welt ausstrahlen sollte. Rudolf Steiner sagte diesbezüglich: *„Süddeutschland hätte werden sollen die neue Gralsburg der neuen Geistesstreiter und die Wiege künftiger Ereignisse."*[4]
Karl Friedrich, von dem in der historischen Ebene schon die Rede war (siehe auch Bild II), hatte darüber hinaus sein Lebenswerk vollendet, indem er für seine Nachkommen die besten Voraussetzungen geschaffen hatte. Er starb schließlich 1811 hoch betagt, ein Jahr bevor sein Urenkel, der Kronprinz Kaspar Hauser, geboren wurde.
Dabei lässt sich der Eindruck gewinnen, als seien hier Kräfte gebündelt worden, um in erstaunlich kurzer Zeit neue Rahmenbedingungen für das Land Baden und dessen Einfluss zu schaffen. Somit steht mit der bevorstehenden Geburt Kaspar Hausers als dem künftigen Regenten am Karlsruher Hof viel auf dem Spiel. Dessen ist sich zweifelsohne auch die okkulte Gegnerschaft bewusst. Darüber hinaus weiß sie (wie aus den weiteren Ausführungen noch ersichtlich), um die Lehre der Wiedergeburt, die seit Plato im Abendland zwar ausgeblendet, jedoch von bedeutenden Persönlichkeiten immer wieder aufgegriffen wurde; es sei hier nur an Goethe, Fichte, Herder, Lessing oder Steiner erinnert. Bestandteil dieser Lehre* ist, dass jeder Mensch mit einer bestimmten Intention beziehungsweise Aufgabe ins irdische Leben tritt.[5] Nun war durch Kaspar Hausers Abstammung und der sich hieraus ergebenden Stellung in Europa bereits abzusehen, dass sich sein Schicksalsplan auf ein Wirken in größeren politischen Zusammenhängen beziehen würde. Offenbar aber weiß die okkulte Gegnerschaft darüber

* Zur Wiederverkörperung (Reinkarnation) und dem Gesetz von Ursache und Wirkung (Karma) siehe auch entsprechende Ausführungen im letzten Kapitel, Ausblick.

hinaus auch um das Potenzial, das mit der Persönlichkeit Kaspar Hausers verbunden ist. Denn es hat den Anschein, als sei Kaspar Hauser schon *vor* seiner Geburt in einen okkulten Kampf hineingestellt, bei dem sich der erfolgreichen Umsetzung seines Schicksalsauftrags, der offenbar von überpersönlicher Bedeutung ist, Kräfte in den Weg stellen — mit weitreichenden Folgen für den weiteren Verlauf der Geschichte Europas und den damit einhergehenden Entwicklungsmöglichkeiten der Menschen.

An dieser Stelle sei angemerkt, dass bei fortgeschrittener geistiger Schulung offensichtlich Rückschlüsse auf das Wann, Wo und Weshalb einer Inkarnation möglich sind. Auch die Geburt des verheißenen Gottessohnes scheint spirituell beobachtet worden zu sein. In der Bibel haben wir hierfür das Bild der drei Weisen aus dem Morgenland. Sie haben den Christusstern aufgehen sehen und sind ihm nach Jerusalem gefolgt.[6] Peter Tradowsky, einer der herausragenden Kaspar-Hauser-Forscher, kommt jedenfalls zu dem Schluss, dass die Annährung und der Eintritt der Individualität Kaspar Hausers in das irdische Dasein mit ihren Lebensplänen von der okkulten Täterschaft beobachtet worden sein muss. Sie war offenbar in der Lage, zu erkennen, was in Kaspar Hausers Schicksalsauftrag veranlagt war und zur Umsetzung gelangen wollte.[7]

Wir kommen also wahrscheinlich nicht umhin, mehr und mehr ein Bewusstsein dafür zu entwickeln, dass es im Hintergrund der Geschichte, jenseits dubioser Verschwörungstheorien, Menschen gibt, die über weitreichende spirituelle Kenntnisse verfügen. Wissen bedeutet Macht, und Machtmissbrauch bleibt auch auf spiritueller Ebene nicht aus, wie der Fall Kaspar Hauser, als einer unter vielen subtilen politischen Verbrechen, belegt.*

* Als weiteres Beispiel, wie geistige Impulse unterbunden werden, kann auch der schwedische Politiker, UN-Generalsekretär und Friedensnobelpreisträger Dag Hammarskjöld (1905–1961) genannt werden. Ein Politiker von Weltformat, der seine Aufgabe darin sah, sein Leben sowohl der Spiritualität als auch dem Weltfrieden zu widmen. Er hat u. a. die Blauhelme begründet. Als für ihn mit der Ernennung zum UN-Generalsekretär ein neuer Lebensabschnitt begann, finden wir in seinem Tagebuch den Eintrag: *„Nicht ich, sondern Gott in mir"*. Auf einem Flug nach Afrika zu Friedensverhandlungen stürzte seine Maschine ab. In etlichen Medien wurde die Absturzursache als ungeklärt hingestellt, bis hin zur Verbreitung un-

Mit Kaspar Hauser sah die okkulte Gegnerschaft demnach einen Stern aufgehen, der ihre Interessen durchkreuzte; und sie scheute nicht davor zurück, seine Inkarnation durch Schicksalsmanipulationen scheitern zu lassen.

haltbarer Selbstmordtheorien. Für jene, die davon ausgehen, dass sich Hammarskjöld der Herausforderung bewusst war, die jene *„zerstörerischen Kräfte"* mit sich bringen, *„die schon immer mit uns gewesen sind"* und sich in *neuen Formen fühlbar machen* (siehe seine berühmte Rede zur spirituellen Führerschaft an der Universität Cambridge 1958), ist es allerdings unverkennbar, dass er Opfer zuwiderlaufender, auch spiritueller Machtinteressen wurde und *„... einem Komplott von englischem, US-amerikanischem und südafrikanischem Geheimdienst zum Opfer fiel..."* (vgl. Rüdiger Dahlke, Die Schicksalsgesetze, Spielregeln fürs Leben, München 2009, S. 59) Siehe auch Bild XII, Nicht-gewordene Geschichte, S. 155, und im Anhang: Gedhun Choekyi Nyima, das gestohlene Kind Tibets, S. 186f., sowie Fußnote *, S. 128.

Bild II

Michaelstag 1812
Geburt / Inkarnation
in einem bedeutenden Herrscherhaus Europas

Historische Ebene

Karlsruhe, 29. September 1812: Die Großherzogin von Baden, kaiserliche und königliche Hoheit Stéphanie Napoleon schenkt einem Sohn das Leben. Die Geburt des Erbprinzen weckt Zukunftshoffnungen in ganz Europa, handelt es sich doch zugleich um einen Enkel Napoleons. Stéphanie äußert den Wunsch, ihren Sohn Gaspard (deutsch: Kaspar) nach dem von ihr so geschätzten Onkel Gaspard Lezay-Marnesier zu nennen.
Dem Neugeborenen wird ausdrücklich die beste Gesundheit bescheinigt, so dass bereits am 7. Oktober die Veröffentlichung des täglichen Ärzteberichts vom Hofe eingestellt wird, weil sich auf Grund des *„andauernden Wohlbefindens"* des Thronprinzen derartige Bekanntmachungen erübrigten.

Nicht nur die territoriale Grundlage des Königreichs Baden, sondern auch der familiäre Kontext, in den der Kronprinz hineingeboren wird, bieten beste Voraussetzungen für eine künftige Regentschaft. Denn Markgräfin Amalie, die Großmutter des Neugeborenen, hatte es mit ihrer außerordentlich erfolgreichen Heiratspolitik verstanden, ein Verwandtschaftsnetz über ganz Europa zu knüpfen. So ist nicht nur der Vater des Prinzen aus dem alten Zähringer Geschlecht sowie seine Mutter Adoptivtochter Napoleons, *Fille de France,* sondern auch seine zahlreichen Tanten väterlicherseits stellten durch ihre Heirat persönliche Verbindungen zu großen Herrscherhäusern her: Seine Tante Karoline wurde mit dem nachmaligen König Max Joseph von Bayern vermählt, Tante Luise als Elisabeth mit dem späteren russischen Zaren Alexander I. und Tante Friederike mit König Gustav IV. von Schweden. Tante Marie wurde durch ihre Heirat Herzogin von Braunschweig und Tante Wilhelmine Großherzogin von Hessen.

Nicht umsonst also wurde die Großmutter des Erbprinzen als die *„Schwiegermutter Europas"* bezeichnet[8] und ihr Enkel somit schon auf Grund seiner Geburt zum *Kind Europas.*
Darüber hinaus galt das Land Baden auch auf politischer Ebene als beispielhaft. Dies war der Fortschrittlichkeit und zukunftsweisenden Politik des Markgrafen und späteren Großherzogs Karl Friedrich zu verdanken, der von 1746 bis 1811 das Land regierte. Karl Friedrich erkannte bereits Jahrzehnte vor der Französischen Revolution, also noch zu Zeiten des absolutistischen Fürstentums, die Notwendigkeit tiefgreifender politischer Neuerungen, um den Erfordernissen der Zeit gerecht zu werden. Die aus seinem humanistischen Geist hervorgegangenen Reformen führten zu einer Verbesserung des Schulwesens und der Rechtspflege. Er förderte die Landwirtschaft sowie die Anfänge der Industrie und richtete sogar ein Pensions- und Versicherungswesen ein. Er veranlasste die Abschaffung der Folter, die Aufhebung der Leibeigenschaft — bereits 1783, vier Jahre vor Inkrafttreten der Amerikanischen Verfassung! — und gestattete Freizügigkeit. Was anderenorts blutig erkämpft werden musste, gewährte der Markgraf seinen Untertanen in weiser Voraussicht und aus freiem Entschluss. In den fünfundsechzig Jahren seiner Regentschaft wirkte Karl Friedrich außerdem im Sinne konfessioneller Toleranz und schuf damit die Voraussetzung für einen überkonfessionellen Staat. Er wurde als einer der besten deutschen Territorialfürsten weit über die Landesgrenzen hinaus geschätzt und verehrt. Dabei soll nicht unerwähnt bleiben, dass auf seine erste Frau Karoline Luise, geborene von Hessen Darmstadt (1723–1783), die weit verbreitete Ansicht, hinter jedem großen Mann stehe eine starke Frau, voll und ganz zutrifft. Nicht zuletzt ist es dieser bedeutenden, intelligenten und hochgebildeten Frau zu verdanken, dass die herausragenden Persönlichkeiten der damaligen Zeit — wie Herder, Goethe, Wieland, Klopstock, Jung-Stilling, Pfeffel, Voltaire, Lavatar, um nur einige zu nennen — am Badischen Hofe verkehrten, ein Umstand, dem dieses Land sicherlich auch seine ausgesprochen fortschrittliche Gesetzgebung zu verdanken hatte. So entwickelte sich der Karlsruher Hof unter der Führung Karl Friedrichs nicht nur zu einem kulturellen Mittelpunkt, sondern das Land Baden als ganzes blühte auf und wurde zu einem Musterstaat im Kleinen, der selbst noch im späten 19. Jahrhundert als *„liberales Musterländle"* gepriesen wurde.[9]

Okkulte Ebene

Richten wir den Blick auf die okkulte Ebene, so ist bemerkenswert, wie sich in Mitteleuropa in den Jahren zwischen 1750 und 1830 eine Gruppe außerordentlich bedeutender Menschen inkarniert, deren hohes seelisch-geistiges Niveau schließlich zu einem Höhepunkt in der deutschen Geistesgeschichte führt. Kaspar Hauser ist an entscheidendem Ort, in den Ausklang dieser Epoche hineingestellt.
Rudolf Steiner bemerkt hierzu: *„Wohl vorbereitet war der Geistraum durch all jene Persönlichkeiten, die wir als Goethe, Schiller, Hölderlin, Herder usw. kennen. Kaspar Hauser sollte wie um sich herum sammeln alles das, was da lebte in diesem so vorbereiteten Geistraum. Das aber wurde von jenen Kreisen nicht gewollt.* Sie konnten keine erwachende Mitte zulassen, wenn sie nicht ihre Macht und Machtbestrebungen entäußern wollten. Goethes Geistesart erschreckte sie."*[10]
Goethe erfasste nämlich das Zusammenwirken des Materiellen mit dem Immateriellen. So legt er beispielsweise in seinen naturwissenschaftlichen Schriften dar, dass den einzelnen Ausformungen der Pflanzen eine übergeordnete, allen gemeinsame Idee zu Grunde liegen müsse, wobei die Idee unmittelbar formbildend wirksam sei. Diese Erkenntnis bringt Goethe unter anderem in seiner Metamorphosenlehre zur Anschauung und zeigt damit das Zusammenwirken zwischen dem Sinnlichen und dem Übersinnlichen** auf. Dass Goethe dies durch seine Schriften öffentlich zugänglich machte, muss für oben genannte Kreise alarmierend gewesen sein, hatten sie es doch gerade auch bei Kaspar Hauser auf die Schnittstelle zwischen Geist und Materie abgesehen.***
Darüber hinaus war es nicht nur Goethe für den das Geistige sich mehr und mehr konkretisierte, sondern beispielsweise auch Friedrich Schiller begreift den Künstler in seiner *Ästhetik* als denjenigen, der eine neue, befreiende Wirklichkeit im Verschmelzen des Geistigen mit dem Stofflichen schafft.

* Gemeint sind bestimmte weltliche und kirchliche Kreise.
** Als übersinnlich ist das zu bezeichnen, was über das sinnlich Wahrnehmbare hinausgeht.
*** Vgl. S. 51f.

Wir können also sagen, dass der Zeitgeist Mitteleuropas beziehungsweise Deutschlands, in den Kaspar Hauser hineingeboren wird, gekennzeichnet ist durch den Brückenschlag zwischen dem Sinnlichen und dem Übersinnlichen. Das Bedrohliche für die Gegnerschaft Kaspar Hausers war demnach die zunehmende Erkenntnis der damaligen geistigen Elite, dass das Materielle und das Immaterielle nicht als getrennt voneinander zu denken sind und somit unsere Realität aus einem Zusammenspiel von Geist und Materie hervorgeht. Insbesondere Goethes Betrachtungsweise ermöglicht es den Menschen, ihr Persönlichkeitsbewusstsein durch ein wachsendes spirituelles Bewusstsein zu erweitern und damit die Existenz der geistigen Dimension allen Daseins in das eigene Leben zu integrieren.[11]
Mit dieser Geisteshaltung weist Goethe den Weg in die Zukunft, denn es ergibt sich daraus für jeden die Chance, aus sich selbst, in Eigenverantwortung und Freiheit sowie jenseits von Blutsbanden, bloßem Glauben und institutionalisierten Machtinteressen zum Weltbürger zu werden, der Geistiges und Materielles in seinem Bewusstsein vereint.
Vielleicht wäre es für Kaspar Hauser tatsächlich möglich gewesen, als badischer Großherzog mit einem derartigen geistigen Hintergrund eine entsprechende Umgestaltung der Verhältnisse voranzubringen, das heißt in der Region Süddeutschlands die gesellschaftliche Ordnung mit Blick auf den Goetheschen Idealismus auf eine neue Basis zu stellen. Dies wäre auch der sich mehr und mehr entwickelnden Einzelpersönlichkeit, dem Individuum, entgegengekommen. Darüber hinaus ist anzunehmen, dass damit einhergehend sich auch ein Wandel im Umgang mit Macht abgezeichnet hätte, denn was antwortete Goethe auf die Frage, welche Regierung die beste sei? *„Diejenige, die uns lehrt, uns selbst zu regieren.“*[12]

Kaspar Hauser wird am 29. September, am Michaelstag, als Thronfolger geboren. Was den michaelischen Geist auszeichnet, ist die seelische Entschlossenheit, sich für Gott, die lichten Mächte einzusetzen und dem göttlichen Widersacher entgegenzutreten.
Erzengel Michael, der Überwinder des Drachens, steht also bildhaft am Anfang von Kaspar Hausers Erdenweg. Offenbar sollte er jenen Kräften entgegentreten, welche die Menschen weit unterhalb ihrer Entwicklungsmöglichkeiten festzuhalten

suchen, und das Spirituelle in den politischen Gestaltungswillen hineintragen.

„Manisola", „Schale für den Geist", so nannten die Katharer das Michaelsfest, und vielleicht ging es darum, eben diese Schale in Form von neuen gesellschaftlichen Voraussetzungen zu schaffen, die es den Menschen erlauben würden, den Gottesfunken in sich, als freies Individuum zum leuchten zu bringen.*

* Vgl. dazu S. 176f.

Bild III

Entwendung einer Seele
— Todesmeldung —

Historische Ebene

Am 16. Oktober 1812 verbreitet sich auf einmal die Nachricht von einem ernstlichen Unwohlsein des Erbprinzen. Die Amme, die nach dem Stillen ein noch kerngesundes Kind verließ, wird unverständlicherweise zurückgewiesen, als sie zu dem plötzlich so schwer erkrankten Säugling eilen will. Auch der Mutter des Erbprinzen wird der Zutritt zu ihrem Kind verwehrt, das sie darüber hinaus seit der Geburt — „um sich besser erholen zu können" — nicht mehr zu Gesicht bekam. Es wird eine Nottaufe, bei der nicht einmal eine Namensgebung erfolgt, in Abwesenheit von Mutter und Amme vorgenommen und noch in derselben Nacht der Tod des am 29. September 1812 geborenen Erbprinzen der Zähringschen Linie vermeldet.
Großherzogin Stéphanie wird also nicht mehr zu ihrem Sohn gelassen und eine Identifizierung des verstorbenen Kindes durch die Amme erfolgt auch nicht. In Anbetracht dieser Umstände ist es verständlich, dass von dem französischen Gesandten am Badischen Hof eine Obduktion gefordert wird, um die Todesursache des Thronfolgers aufzuklären. Dem Obduktionsprotokoll[13] ist zu entnehmen, dass der Säugling in Folge einer Hirnblutung gestorben sei. Die neun unterzeichnenden Ärzte bleiben jedoch die Antwort schuldig, wodurch die Gehirnblutung und die ebenfalls im Sektionsbericht aufgeführten äußeren Blutergüsse an Hinterkopf, Hals und in den Leisten des Kindes verursacht wurden. In der Presse wird ungeachtet dessen mitgeteilt, dass *„nach Ausweis der Sektion"* die Krankheit des Erbgroßherzogs eine Folge der sehr schweren Geburt gewesen sei.
Allerdings scheint ein Geburtstrauma nach sechzehntägigem Wohlergehen und der mehrfach bescheinigten besten Gesundheit des Erbprinzen medizinisch kaum haltbar. Somit kommt

der nachstehenden Äußerung des Leibarztes der Großherzogin Stéphanie, Dr. Kramer, eine schwerwiegende Bedeutung zu: *„Ich habe die Großherzogin von einem gesunden Knaben entbunden und fand nach wenigen Tagen ein sterbendes Kind vor, das ganz offenbar nicht das von mir entbundene war!"*[14]
Darüber hinaus stellten die im Zuge der Kaspar-Hauser-Forschung befragten Fachärzte übereinstimmend fest, dass die bei der Obduktion ermittelte Hirnblutung der Beschreibung nach so ausgedehnt gewesen sei, dass sie bereits innerhalb weniger Stunden zum Tod hätte führen müssen. Demnach ist das obduzierte Kind wohl weder an einem Geburtstrauma noch an einer Krankheit gestorben. Vielmehr sprechen alle Indizien dafür, dass ihm gewaltsam Verletzungen zugefügt wurden.[15]
Die Todesursache des obduzierten Säuglings scheint damit geklärt, aber es bleibt fraglich, ob es sich bei ihm tatsächlich noch um den Erbprinzen handelte. Der bedeutende Kaspar-Hauser-Forscher Fritz Klee stellte somit Anfang des 20. Jahrhunderts weitere Nachforschungen an. Dabei ist er auch der Aussage nachgegangen,[16] *„[...] ein Hofbediensteter in Karlsruhe habe ein todkrankes Kind für die Unterschiebung hergegeben"*.[17] Wessen Hofbedienstete hier insbesondere in Frage kamen, war durch die Forschungsergebnisse Feuerbachs nicht mehr schwer zu ergründen: jene der Gräfin Hochberg. Diese stand ja schon länger unter Verdacht, als treibende Kraft in das dynastische Verbrechen involviert gewesen zu sein. Tatsächlich hatte sie von Anfang an alles daran gesetzt, ihre Söhne, die aus morganatischer, also nicht ebenbürtiger zweiter Ehe von Großherzog Karl Friedrich mit ihr hervorgegangen waren, für thronberechtigt erklären zu lassen, falls keine männlichen Nachkommen aus der ersten Ehe Karl Friedrichs für den badischen Thron mehr vorhanden seien. Dagegen wäre ja nichts einzuwenden gewesen, wenn nicht hierfür erst noch sechs Thronberechtigte des alten Zähringer Geschlechts hätten sterben müssen und dies nicht auch noch wider Erwarten eingetreten wäre.*
Fritz Klee wurde denn auch im näheren Personenkreis der Gräfin Hochberg fündig: Unter deren Hofbediensteten gab es in der Tat ein Kind, das nur drei Tage vor dem Erbprinzen ge-

* Es starben die Thronerben: Karl Ludwig, Friedrich, Karl, Ludwig I. und die beiden Söhne Karls.

boren worden war. Vermutlich war dieser Sohn des Hofbediensteten Christoph Blochmann ein kränkliches Kind und, wie bereits andere Kinder der Familie Blochmann, auch nicht länger lebensfähig. Dies könnte mit ein Grund gewesen sein, weshalb sich die Eltern darauf einließen, ihr Kind wegzugeben. Durch den weiter unten noch näher belegten Kindstausch* wird jedenfalls das Unglaubliche möglich, nämlich den badischen Erbprinzen zu entführen, ohne dass dies überhaupt bemerkt wird! Rückblickend fällt jedoch auf, dass die Familie Blochmann nach 1812 plötzlich zu unverhofftem Wohlstand gelangte. Christoph Blochmann, der bis dato in der Spinnerei der Gräfin Hochberg arbeitete, wird ab 1812 deren Haus- und Rechnungsdiener und erhält eine Wohnung in einem der Herrschaftshäuser nahe des Schlossplatzes. Diese ehrenvolle Beförderung musste einen Grund gehabt haben, der allerdings nicht in den besonderen Fähigkeiten Blochmanns liegen konnte. Denn dieser wird nach dem Tod der Gräfin, und damit dem Wegfall ihrer Protektion, nur noch als Hoftagelöhner im großherzoglichen Holzgarten beschäftigt.
Der Verdacht liegt nahe, dass der Zeitdruck, unter dem der Kindstausch erfolgen musste, keinen Raum ließ, den natürlich eintretenden Tod des vermutlich schwachen Kindes der Familie Blochmann abzuwarten. Wie sich aus dem Obduktionsprotokoll schließen lässt, wurde dem Leben des Kindes allem Anschein nach auch gewaltsam ein Ende gesetzt. Damit jedoch das Versterben dieses Kindes unentdeckt bleiben konnte, musste das in der Familie Blochmann fehlende Kind ersetzt werden. Dies geschah offenbar dadurch, dass man den gleichaltrigen entführten Erbprinzen nun dort unterbrachte. So erklärt sich auch, entsprechend den Ergebnissen der Kapar-Hauser-Forschung, warum ausgerechnet bei jenem, am 26. September 1812 geborenen Knaben Johann Ernst Jakob Blochmann, im Gegensatz zu seinen neun Geschwistern, der Todesvermerk fehlt, der normalerweise im Taufregister der protestantischen Stadtgemeinde Karlsruhe neben dem Taufvermerk eingetragen wurde.

Als im Januar 1815 die noch junge Gattin des Hofbediensteten Blochmann stirbt, muss die Versorgung der vorhandenen Kin-

* Vgl. S. 124f.

der allerdings neu geregelt werden. Dies brachte die Gelegenheit mit sich, den Prinzen unauffällig aus Karlsruhe verschwinden zu lassen. Der Kaspar-Hauser-Forschung zufolge fiel die Wahl für dessen weitere Unterbringung nun auch wiederum auf ein Domizil der Gräfin Hochberg, das ihr von ihrem Gemahl zur Nutznießung überlassen worden war: das zweihundert Kilometer von Karlsruhe entfernt gelegene Schloss Beuggen bei Laufenburg am Ufer des Rheins.[18]

Für diese Entscheidung wird mit ausschlaggebend gewesen sein, dass das Anwesen von der Bevölkerung allgemein gemieden wurde, da es im Zuge der Napoleonischen Befreiungskriege vorübergehend als Kriegslazarett für Typhus- und Pockenkranke gedient hatte. Fast dreitausend Soldaten waren hier elend gestorben und in Massengräbern hinter dem Schlossgarten verscharrt worden.

Im Alter von etwa zwei Jahren also wird der Prinz — vermutlich zunächst noch mit der Kinderfrau Anna von Dalbonne, einer ehemaligen Hofbediensteten aus Karlsruhe — in das leer stehende Schloss am Rhein gebracht, dessen einzige Bewohner ein Verwalter und ein erst kurz zuvor eingestellter Pfarrer waren.

„Wo kein Feuer, da kein Rauch", pflegte der Kriminalist Feuerbach zu sagen, und in der Umgebung von Schloss Beuggen — ebenso wie später in Hochsal und Pilsach — hielt sich hartnäckig das Gerücht, dass ein Prinz im Schloss gefangen gehalten wurde. Um so erstaunlicher ist es, dass die Kaspar-Hauser-Forschung erst im Rahmen des vom öffentlich-rechtlichen Sender ZDF in Auftrag gegebenen Kaspar-Hauser-Dokumentarfilms im Jahr 2002 erwirken konnte, dass in dem Schloss, das heute eine Evangelische Tagungs- und Begegnungsstätte ist, ein Mauerdurchbruch vorgenommen wurde.* Tatsächlich förderte diese Maueröffnung, wie schon lange vermutet, ein Verlies zutage, dessen ausgeklügelte bauliche Anordnung auffällige Parallelen zu jener im Schloss Pilsach aufweist, wo Kaspar Hauser später nachweislich gefangen gehalten wurde. So befinden sich beispielsweise beide Verliese in versteckten Zwischengeschossen, jeweils verborgen hinter einem Vorraum.

* Die Ergebnisse dieser Untersuchung im Auftrag des Zweiten Deutschen Fernsehens wurden über den deutsch-französischen Fernsehsender ARTE am 17. 8. 2002 zum ersten Mal ausgestrahlt.

Die einzige Verbindungstür der beiden Räume wurde dabei so niedrig gehalten, dass man nur hindurchkriechen konnte. Darüber hinaus wurden beide Kerker auf die gleiche Weise belüftet und waren extern beheizbar.
In Schloss Beuggen stieß man außerdem auf mehrere Gegenstände,[19] die vermuten lassen, dass hier tatsächlich ein Kind gefangen gehalten wurde. So fand man Teile, die wahrscheinlich von einem Holzschälchen als Essgeschirr stammen, ein aus Holz geschnitztes Messerchen sowie ein Leinenstück, das von dem Hemd eines Kleinkindes stammen könnte. Bemerkenswert ist zudem ein vermutlich mit einem Ziegelstück auf einen Holzbalken gezeichnetes Spielzeugpferdchen mit Reiter — vielleicht der Versuch eines mitfühlenden Wärters, dem im Dämmerlicht eingesperrten Kind eine wenn auch noch so bescheidene Abwechslung zu geben. Dabei fällt auf, dass es sich bei Kaspar Hausers einzigem Spielzeug das er in all den Jahren seiner Gefangenschaft hatte — seinen eigenen Angaben zufolge und durch den Fund in Pilsach belegt —, um ein Spielzeugpferdchen handelte.*

Der evangelischen Kirche scheint diese Entdeckung in ihrer Begegnungs- und Tagungsstätte auf Schloss Beuggen allerdings mehr als unangenehm zu sein. Und so versucht man, die Funde und deren Bedeutung herunterzuspielen beziehungsweise deren Existenz gar zu vertuschen. Doch worin besteht eigentlich das Problem für die Kirche?
Möglich, dass der Offenbacher Kaspar-Hauser-Forscher Dr. Rudolf Biedermann der Sache recht nahe kommt, wenn er meint: *„Spürt man kirchlicherseits (oder weiß man möglicherweise etwas davon?), dass um Kaspar Hauser eine spirituelle Sphäre real existent ist — vor der man sich in dem immer mehr Spiritualität verlierenden heutigen Kirchenwesen fürchtet? ‚Kaspar Hauser' spricht menschliche Herzen an — und die Kirchen bleiben leer ...“*[20] Warum ihn da noch in Erinnerung rufen? Womöglich aus einer kirchlichen Begegnungsstätte einen Anziehungspunkt für Kaspar-Hauser-Freunde werden lassen? Letzteres wolle man verhindern, so lautete denn auch die offizielle Antwort des Evangelischen Pressedienstes gegenüber Dr. Rudolf Biedermann. Von kirchlicher Seite ist man also darauf be-

* Vgl. S. 48f.

dacht, die Fakten der Kaspar-Hauser-Forschung als reine Vermutungen darzustellen. Dabei könnte ein einfacher Vergleich der in dem Verlies gefundenen Gegenständen und der darauf befindlichen Spuren mit den nachweislich von Kaspar Hauser stammenden Genproben der seriösen Genuntersuchung von 2002* den entsprechenden Beleg erbringen, ob der Junge sich de facto in dem Verlies auf Beuggen aufhielt — wenn man es denn tatsächlich wissen wollte und es darum ginge, der Wahrheit ans Licht zu helfen.

Auf Schloss Beuggen — für das es noch weitere Indizien gibt, dass es als Unterbringungsort für Kaspar Hauser gedient hatte** — konnte Kaspar Hauser jedenfalls nur so lange bleiben, bis das Auftauchen einer Flaschenpost (siehe Bild IV) entsprechende Hinweise auf einen gefangenen Thronerben und dessen Aufenthaltsort preisgab. So lässt sich ein weiterer Ortswechsel, der mit dem entführten Kind vorgenommen wurde, ziemlich genau auf den Monat Oktober im Jahr 1816 datieren. Die Kaspar-Hauser-Forschung geht im Allgemeinen davon aus, dass der Junge nun nach Hochsal kam, das nur ein paar Kilometer landeinwärts von Laufenburg entfernt liegt. Hochsal, das damals nur aus wenigen Häusern bestand, besaß auch ein Pfarrhaus, in dessen Zwischenkeller das Kind anscheinend weiter gefangen gehalten wurde. *„[...] Der Kaspar geht hier um",* heißt es dementsprechend auch in einem anonymen Bilderzyklus von damals***, der mit einer detaillierte Skizze des Pfarrhauses versehen ist, welche einen Zwischenkeller und dessen versteckten Zugang über eine Stiege zeigt, die sich hinter einem großen Einbauschrank in der Küche verbirgt. Dass diese bauliche Anordnung tatsächlich so vorhanden war, ist durch ein Foto aus dem frühen 20. Jahrhundert belegt.[21] Die ungewöhnliche Karriere des zuständigen Pfarrers Dietz durch Ernennung zum Geistlichen Rat ist auch hier wiederum bemerkenswert.[22] Und es wird deutlich, dass Geistliche — wie schon auf Schloss Beuggen, dessen einziger offizieller Bewohner neben

* Siehe S. 141f.

** Siehe Kaspar Hausers Wappenzeichnung, S. 84.

*** Dieser Bilderzyklus wird ausführlich dokumentiert in: J. Mayer/P. Tradowsky, Kaspar Hauser. Das Kind von Europa, Stuttgart 1984, S. 769–771.

dem Verwalter zur Zeit der Unterbringung des Kindes ebenfalls ein Pfarrer war — in das Geschehen um Kaspar Hauser involviert sind.
Weiter ist davon auszugehen, dass Kaspar Hauser schließlich um 1817 — vermutlich mit dem Ziel, eine endgültige sichere Verwahrung des Heranwachsenden vornehmen zu können — über einige Zwischenstationen in die Oberpfalz nach Schloss Pilsach gebracht wurde. Dies lässt sich unter anderem an der abermals zeitgleich einsetzenden steilen und geradezu ans Fabelhafte grenzenden (Militär-)Karriere des Schlossbesitzers Freiherr v. Grießenbeck erkennen. Das Schloss lag damals in völliger Abgeschiedenheit weitab jeder Straße und stand zudem überwiegend leer. In der Kaspar-Hauser-Forschung wird angenommen, dass der Schlossverwalter und Jagdhüter Franz Richter die lebenserhaltenden Maßnahmen für den Gefangenen zu übernehmen hatte.
Ebenfalls nach Schloss Pilsach führt uns die Spur des Briefes, den Kaspar Hauser bei seinem Auftauchen elf Jahre später in Nürnberg in Händen hält. Johann Ferdinand Richter hieß der Vater des Pilsacher Schlossverwalters Franz Richter, und es sind die Buchstaben J F R, die sich aus dem abgekratzten Siegel des mitgeführten Briefes rekonstruieren lassen. Dieses Siegel gelangte aller Wahrscheinlichkeit nach über den Nachlass des Vaters Johann Ferdinand in die Hände des Sohnes Franz Richter.

Für den Rest seiner Kindheit, das heißt über zehn Jahre, bis zu seiner Freilassung 1828, verbleibt der entführte Erbprinz demnach in den Gemäuern von Schloss Pilsach. Dort wird er in nahezu völliger Dunkelheit auf unmenschliche Weise in einem Verlies mittels eines Käfigs festgehalten, der es ihm nur erlaubt, sich bis zu einer halb liegenden Position aufzurichten. Dabei sind zwei kleine Holzspielzeugpferdchen während all der Jahre seine einzigen „Gefährten".
Seine Gefangenhaltung betreffend sind Kaspar Hausers spätere Angaben durch mehrere medizinische Gutachten und entsprechende Funde belegt sowie durch das Obduktionsergebnis von 1833. So entsprachen beispielsweise seine Knie- und Hüftgelenke sowie die Ausformung seiner Füße nicht einer körperlichen Entwicklung bei aufrechtem Gang, näheres hierzu siehe auch Bild XII. Das Essen, bestehend aus Wasser und Brot,

wurde ihm anscheinend während er schlief in das Verlies gestellt, wobei die Beimengung von Opium als gesichert gelten kann.[23] So wurde es auch möglich, die notwendigen pflegerischen Maßnahmen an ihm vorzunehmen, ohne dass er in diesen Jahren je einen Menschen zu Gesicht oder auch nur zu Gehör bekam. Hierzu ein Auszug aus Kaspar Hausers eigenen Aufzeichnungen von 1829:
„[...] ich wollte auch trinken, aber es war kein Wasser mehr darin, [...] ich nahm sehr oft das Krüglein in die Hand und hielt es lange an den Mund, aber es ging niemals Wasser heraus, ich stellte es immer wieder hin und wartete eine Zeitlang, ob nicht bald ein Wasser kommt, weil ich nicht wusste, dass mir das Wasser und Brot gebracht werden musste; ich hatte ja keinen Begriff, dass außer mir noch jemand seyn könnte."[24]

1924 erwarb die Schriftstellerin Klara Hofer das Schloss Pilsach und traf am 29. Juli desselben Jahres bei Renovierungsarbeiten auf einen zugemauerten Zwischenstock, der — neben weiteren Indizien in Form von Fundstücken und Aussagen des Findlings — von namhaften Kaspar-Hauser-Forschern eindeutig als dessen Gefängnis identifiziert wurde.*
Die Besitzer des Schlosses wechselten, und als dann im März 1982 der Einbau einer Fußbodenheizung die Entfernung von Schutt unter einer Treppenstufe erforderlich machte, stieß der heutige Schlossbesitzer auf etwas, das er zunächst für die Griffe einer alten Zange hielt, bei dem es sich aber — wie sich herausstellte — um die Vorderbeine eines völlig verschmutzten Spielzeugpferdchens handelte, das er nun zu Tage förderte. So hielt der derzeitige Schlossbesitzer also eines jener fein geschnitzten Pferdchen in Händen, nach denen Kaspar Hauser in seiner Nürnberger Anfangszeit immer wieder gefragt hatte und die er damals so sehr vermisste.**
Die älteren Bewohner aus der Nachbarschaft wussten darüber hinaus noch zu berichten, so die heutige Schlossherrin, dass

* Dabei betrug die Mauerstärke des Kerkers zum Teil über zwei Meter, was auch die Abschirmung vor Außengeräuschen erklärt.
** Größe, Farbgebung und Konstruktion des Pferdchens stimmen exakt mit den Angaben Kaspar Hausers überein; so zum Beispiel die Achsen der Räder, so dass er es in seiner halbliegenden Position hin- und herrollen konnte — eine monotone Bewegung, die er, seinen eigenen Berichten nach, wieder und wieder vollführte.

ihnen als Kind damit gedroht wurde: *„Pass auf, sonst kommst zum Kaspar ins Loch."* *

Okkulte Ebene

Das dynastische Verbrechen, bei dem die Reichsgräfin von Hochberg anscheinend eine Schlüsselrolle spielte, steht derart im Vordergrund, dass die Sabotage der Verwirklichung von Kaspar Hausers Schicksalsauftrag von überpersönlichem Belang fast unbemerkt geschehen konnte, ohne dass dies für die Menschen überhaupt greifbar wurde. Folglich wird bis heute auch der Zusammenhang, der zwischen der Ausschaltung Kaspar Hausers und der folgenschweren historischen Entwicklung Europas besteht, im Allgemeinen noch immer verkannt (siehe Bild XII).

Doch wer steckt hinter dieser okkulten Gegnerschaft, zu deren Zielscheibe Kaspar Hauser letztlich werden musste?

Auf okkulter Ebene sind die Gegner, Rudolf Steiner zufolge, in bestimmten kirchlichen Kreisen und unter Mitgliedern westlicher Logen zu suchen, die an oberster Stelle, allem äußeren Anschein zum Trotz, wohl schon seit geraumer Zeit zusammenarbeiten. Das einende Ziel scheint dabei das Streben nach Weltherrschaft auf weltanschaulichem wie wirtschaftlichem Gebiet zu sein. Wobei die weltanschaulichen und geistigen Angelegenheiten offenbar ausschließlich in die Hände entsprechender kirchlicher Gruppierungen gelegt wurden und man alles, was die Wirtschaft betrifft, anglo-amerikanischen Logen übertrug.[25]

Um Aussagen wie diese nachvollziehen zu können, braucht man heute gar nicht erst in das Dickicht von Verschwörungstheorien abzutauchen, da bereits der Blick auf einen der größten börsennotierten Biotechnologiekonzerne genügt, dessen genmanipuliertes Saatgut unter Androhung hoher Strafen für die Bauern nach der ersten Ernte nicht mehr zur Aussaat verwendet werden darf, um Patentverletzungen vorzubeugen, wie es heißt. Das Ziel wirtschaftlicher Abhängigkeit und Kontrolle wird außerdem durch den Verkauf von Hybrid-Saatgut erreicht,

* Es soll an dieser Stelle darauf hingewiesen werden, dass das Schloss, da es sich in Privatbesitz befindet, nur auf Einladung zu besichtigen ist.

das ohnehin nach einer Ernte so gut wie nicht mehr keimfähig ist. Aber selbst dies scheint entsprechenden Saatgutherstellern noch nicht zu genügen, und so ist man dabei, eine so genannte *Terminator-Technologie* zu entwickeln, deren Auskreuzen auf Pflanzen auch in der Umgebung zu sterilen Samen führt.* Es sollte uns zu denken geben, wenn *ein* Konzern zunehmend auch global als Aufkäufer von Saatgutherstellern auftritt und inzwischen bereits neunzig Prozent der weltweit gentechnisch manipulierten Pflanzen aus ein und derselben Hand stammen! Darüber hinaus verweisen lukrative Konzerngeschäfte mit Trinkwasser und Aquakultur unverkennbar darauf hin, dass auch in diesem Bereich eine Monopolisierung unserer überlebenswichtigen Ressourcen angestrebt wird. Ist dies etwa etwas anderes als das Streben nach Weltherrschaft auf wirtschaftlichem Gebiet?[26]

Was die angestrebte Vormachtstellung auf dem weltanschaulichen oder geistigen Sektor betrifft, ist anzumerken, dass sich offenbar erst im Laufe der Geschichte die ursprüngliche Glaubensmission entsprechender kirchlicher Gruppierungen in ein Streben nach Weltmacht verkehrte. Von jenen, die seither die Fäden in der Hand halten, wird strikt versucht, jeglichen Zukunftsimpuls der Menschen, hin zu einem autonomeren Bewusstsein, bereits im Keim zu ersticken. Durch eine streng hierarchische Machtstruktur entsprechender Institutionen wurden hierfür die notwendigen Voraussetzungen geschaffen. Fatalerweise ist damit eine Situation entstanden, bei der Menschen mit besten Absichten in ein Geschehen involviert werden, das als guter Dienst am Mitmenschen erscheint, welches aber in Wirklichkeit primär der Durchsetzung von Machtinteressen dient, die darauf ausgerichtet sind, die geistige Weiterentwicklung des Menschen so weit wie möglich aufzuhalten.[27]

Von persönlicher Weiterentwicklung ist demnach in kirchlichen Zusammenhängen auch kaum die Rede, obwohl das Wissen an übergeordneter Stelle durchaus existiert: dass es eigentlich um die geistige Weiterentwicklung von uns Menschen und jeden

* Zu dieser Thematik sei auf die Reportage von Marie-Monique Robin, *Monsanto — Mit Gift und Genen* verwiesen, die vom deutsch-französischen-Fernsehkanal ARTE am 11. März 2008 ausgestrahlt wurde und auch im Internet zu sehen ist.

von uns als Individuum, im Kontext eines Übergeordneten Ganzen, geht.

Am Fall Kaspar Hauser nun lässt sich das Vorhandensein des vor der Allgemeinheit bagatellisierten bis diskreditierten spirituellen Wissens bestimmter Gruppierungen gut aufzeigen, denn es ist unverkennbar, dass auch die Gegner Kaspar Hausers wussten, dass sie ihr Ziel mit dessen Tötung zunächst nicht erreichen konnten, weil, wie bereits angedeutet, der eigentliche Anschlag der *Seele* Kaspar Hausers galt beziehungsweise der Verstümmelung der Umsetzung des in ihr eingeschriebenen Schicksalsauftrags. Ein Mord hätte „lediglich" den physischen Leib für diese Verkörperung untauglich gemacht. Das Geistige aber, um das es dieser Täterschaft tatsächlich ging, wäre damit nicht auszulöschen gewesen. Vielmehr musste ein zu frühes Sterben, eine Exkarnation, bei diesem Kind unter allen Umständen vermieden werden, denn es wäre für die Täterschaft nichts gewonnen gewesen, wenn sich die Individualität Kaspar Hausers in absehbarer Zeit wieder inkarniert hätte — und dies höchstwahrscheinlich, um ihren Schicksalsauftrag doch noch aufgreifen zu können, erneut am Badischen Hofe.*
Wem solche Gedankengänge und Praktiken abwegig erscheinen, der sei an ein aktuelleres Beispiel, an den Fall Gedhun Choekyi Nyima, das gestohlenen Kind Tibets (siehe Anhang) erinnert.
Somit stand also die okkulte Täterschaft, der es tatsächlich gelungen war, einen Thronanwärter zu entführen, ohne dass dies offensichtlich wurde, vor der brisanten Frage: Wie kann diese Individualität so behandelt werden, dass die in ihr veranlagten Fähigkeiten nicht in Erscheinung treten, sie aber zugleich weiterhin an das Leben gebunden bleibt? Die Antwort finden wir in der Art und Weise, wie mit Kaspar Hauser verfahren wird: Man lässt das Kind anfangs sorgfältig pflegen und sich entwickeln, bis zu jenem Zeitpunkt, in dem das Ich den Leib mit der Aufrichtekraft, dem Erlernen des Gehens, des Sprechens und Denkens sowie dem damit aufkommenden Erinnerungsvermögen

* Siehe auch Kapitel Ausblick: Der Wiederverkörperungsgedanke — eine anthropologische Notwendigkeit?

sozusagen von innen her ergreift und zu einem ersten Bewusstsein seiner selbst, zum ICH* erwacht. Das Abwarten bis zu dieser Entwicklungsstufe, die eine grundlegende Festigung in der Inkarnation anzeigt, war für die okkulte Täterschaft notwendig, um die Gewissheit zu haben, dass ihnen das Kind, bei gleichzeitiger Einhaltung grundlegender körperbezogener Maßnahmen, nun nicht mehr so einfach unter der Hand wegsterben konnte. Somit waren gezielt Vorkehrungen getroffen worden, um einen baldigen erneuten Verkörperungsversuch jenes geistigen Anteils, der mit der Persönlichkeit Kaspar Hausers verbunden war, am Badischen Hof auszuschließen. Erst mit dieser Gewissheit erfolgte dann auf perfide Weise die vollkommene Isolation des Knaben unter Bedingungen, die es seinem Ich unmöglich machen sollten, den Leib ganz zu durchdringen. Mehr noch, seine Entwicklung wurde sogar auf ein Niveau zurückgedrängt, das nur noch dazu ausreichte, die jetzige Inkarnation aufrechtzuerhalten.
In diesem Vorgehen zeigt sich einmal mehr ein profundes Wissen um die geistigen Gesetzmäßigkeiten auch insofern, als man davon auszugehen schien, dass sich früh verstorbene Kinder schon sehr bald wieder inkarnieren können, im Unterschied zu Menschen fortgeschrittenen Alters, die im Laufe ihres Lebens zahlreiche, insbesondere selbst zu verantwortende Geschehnisse aufzuarbeiten haben.** Dies würde auch erklären, weshalb für die okkulte Täterschaft offenbar von Anfang an feststand, Kaspar Hauser unter allen Umständen vorerst am Leben zu halten. Einen Beleg hierfür liefern uns unter anderem auch dessen Impfnarben. Tatsächlich wurde Kaspar Hauser zweimal von seinen Entführern gegen Pocken geimpft: zunächst als Kleinkind und danach fachgerecht zur Auffrischung erneut nach etwa zwölf Jahren. Ganz offensichtlich standen al-

* In der Entwicklung des Kindes lässt sich dieser Übergang zwischen dem ersten und dritten Lebensjahr sehr schön an der sich wandelnden Selbstbezeichnung erkennen; aus *„Kathrin will auch . . ."* wird *„Ich will auch . . ."*. Äußerlich betrachtet eine erstaunliche Leistung, wenn man bedenkt, dass das Kind in seinem Leben nie die Erfahrung machen konnte, dass es von anderen mit „Ich" angesprochen wurde.

** Dass die Aufarbeitung dessen, was man anderen in seinem Leben gewollt oder ungewollt angetan hat, mitunter schmerzlich sein kann, ist nachvollziehbar und lässt den Begriff *Hölle* in einem neuen Licht erscheinen.

le Mittel zur Verfügung, um das Kind Kaspar Hauser um jeden Preis nicht zu früh sterben zu lassen.
Die „Sorgfalt" dieser Vorgehensweise sowie der immense Aufwand, der über Jahre und unter Inkaufnahme eines hohen Risikos betrieben wurde, lassen einerseits Rückschlüsse auf die Täterschaft zu, andererseits vermitteln sie eine Ahnung von der Größenordnung dessen, was jenseits dynastischer Machtinteressen wirklich auf dem Spiel stand.
„Hätte Feuerbach die anthroposophische Menschenkunde und die Lehre der Reinkarnation gekannt, ein Mann seines Formats hätte sofort das Motiv für dieses okkulte Verbrechen durchschaut."[28] So kommentiert Peter Tradowsky, wie bereits angedeutet, dieses Vorgehen.

Wir haben es bei dem okkulten Verbrechen an Kaspar Hauser also mit einer sachkundigen Manipulation von Inkarnationsprozessen zu tun*, mit dem Missbrauch spirituellen Wissens an der Schnittstelle zwischen Körper und Geist.

* Siehe auch Anhang: Gedhun Choekyi Nyima, das gestohlene Kind Tibets.

Bild IV

Der Entwicklung beraubt, gehalten an der Grenze zweier Welten — Ungreifbares Nichts —

Historische Ebene

Nicht ganz vier Jahre nach dem offiziellen Tod des namenlosen Erbprinzen von Baden erscheint auf der Titelseite der französischen Staatszeitung *Le Moniteur universel* und gleich darauf in der *Vossischen Zeitung,* einer damals angesehenen, überregionalen Berliner Zeitung, der Text einer Flaschenpost, die von einem Fischer am 22. September 1816 auf dem Rhein bei Großkemps gefunden worden sein soll. Der Text ist, bis auf die Unterschrift, in lateinischer Sprache verfasst und enthält übersetzt folgenden Wortlaut:
„Allen, denen dieses Blatt zu Augen kommen wird: Ich liege in einem Kerker bei Laufenburg am Rheinstrom gefangen, mein unterirdischer Kerker ist sogar demjenigen unbekannt, der sich meines Thrones bemächtigt hat. Mehr kann ich nicht schreiben, da ich streng und grausam bewacht werde.
S. Hanes Sprancio"[29]

Diese seltsame Nachricht sowie der vier Jahre zuvor so plötzlich vermeldete Tod des badischen Thronprinzen und Enkel Napoleons, nachdem diesem doch die beste Gesundheit bescheinigt worden war, lassen den Gedanken aufkommen, dass der Erbprinz in Wirklichkeit vielleicht gar nicht gestorben sei. Selbst wenn das Kind die Flaschenpost unmöglich selbst verfasst haben konnte, so schien es doch denkbar, dass ein Mitwisser über diesen Weg auf dessen Gefangenhaltung aufmerksam machen wollte.
Die beiden Zeitungsnotizen über das Auftauchen der Flaschenpost lassen insbesondere auch in Wien den österreichischen Außenminister aufhorchen. Für Fürst von Metternich, der nichts mehr fürchtet als ein aufkommendes Chaos in Europa und deshalb alles daran setzt, durch seine antiliberale Restau-

rationspolitik das Bestehende zu bewahren, ist die Vorstellung, dass nun womöglich ein Nachfahre Napoleons einen deutschen Thron besteigen könnte, ein Albtraum. Hatte man doch gerade nach dem Sturz Napoleons mit dem Wiener Kongress (1813–1815) eine Wiederherstellung der vorrevolutionären Ordnung angestrebt und mit der *Heiligen Allianz* von 1815 — unter Metternichs maßgeblicher Federführung — einen Bund der Fürsten gegen die nationalen und liberalen Bestrebungen der Völker begründet.

Im Zusammenhang mit der Flaschenpost war somit besonders beunruhigend, dass Stéphanie Napoleon, die Mutter des 1812 geborenen Kronprinzen, auf den sich die aufgefundene Nachricht möglicherweise bezog, unübersehbar die Hoffnung aller noch lebenden Napoleoniden war. Denn sie hatte als einziges Mitglied der Familie Bonaparte an der Seite eines regierenden Großherzogs den politischen Umsturz von 1814 unbeschadet überstanden. Darüber hinaus verfügte sie über eine liberale Gesinnung, wie unter anderem in ihren Aufzeichnungen über die von der *Heiligen Allianz* geschaffene Ordnung zum Ausdruck kommt, wo es heißt: *„Die Heilige Allianz habe die Fürsten vor den Völkern geschützt, aber nicht die Völker vor den Fürsten".*[30]

So zeichnete sich Großherzogin Stéphanie insgesamt durch ihre Fortschrittlichkeit, ihre kulturbildende Kraft und ihr soziales Engagement aus. Sie wurde Gründerin mehrerer Wohltätigkeitsvereine, einer Spar- und Leihkasse, um die Landwirte vor den Wucherzinsen entsprechender Kreditgeber fernzuhalten; sie gründete eine Art Krankenkasse, Waisenhäuser sowie Mädchenschulen und unterrichtete mit großer Freude auch selbst, wenn Lehrkräfte ausfielen. Zu ihren Gesellschaftsempfängen und Bällen in Schloss Umkirch bei Freiburg lud sie zudem nicht nur Bekannte aus den umliegenden Adelsgeschlechtern ein, sondern ebenso Nichtadlige aus der einheimischen Bevölkerung.

Ihr Gatte, Großherzog Karl, der bereits mit zweiunddreißig Jahren starb, war noch 1818, wenige Wochen vor seinem Tod, zum Begründer der Badischen Verfassung geworden — der freiheitlichsten in ganz Deutschland und eine der liberalsten ihrer Zeit.* Man war im Königreich Baden gewillt, aus Unter-

* Es soll aber nicht unerwähnt bleiben, dass der Verdienst, Baden zu

tanen Bürger zu machen, und so wurde im Zuge des Badischen Liberalismus sogar eigens ein Parlamentsgebäude für das neu geschaffene Parlament von 1822 — das Ständehaus in Karlsruhe — errichtet, das später als *Wiege der deutschen Demokratie* in die Geschichte einging. Dabei stand das Parlament Badens, in dem nun über die grundlegenden politischen Fragen diskutiert wurde, immer auch stellvertretend für das fehlende deutsche Parlament.
Allein dem Hause Baden war es also noch möglich, legal das fortzusetzen, was Fürst von Metternich mit seiner Restaurationspolitik unbedingt unterbinden wollte: das Wiederaufblühen des liberalen und nationalen Gedankenguts der Französischen Revolution.

Als der Text der Flaschenpost die Öffentlichkeit erreicht, befindet sich Philipp Henry IV., Earl of Stanhope, gerade bei Metternich in Wien. Bei Stanhope handelt es sich um einen sich gewandt auf dem politischen Parkett Europas bewegenden Geheimagenten, der im späteren Leben Kaspar Hausers noch eine sehr verhängnisvolle Rolle spielen sollte. Vieles spricht dafür, dass Stanhope bereits damals in Wien mit dem Auftrag betraut wurde, den Fall Kasper Hauser streng im Auge zu behalten. So reiste der englische Lord seit jenem Herbst 1816 bis ein Jahr nach Kaspar Hausers Tod 1833 insgesamt noch vierundzwanzig Mal nach Deutschland, wobei er sich vorwiegend in Bayern und Baden aufhielt.
Die mysteriöse Nachricht der Flaschenpost bleibt lange Zeit ein Rätsel. Selbst als man 1828, zwölf Jahre später, mit dem Erscheinen Kaspar Hausers in Nürnberg nochmals einen Zusammenhang herzustellen versucht, verlaufen die Bemühungen ergebnislos. Der eigentliche Durchbruch erfolgt erst 1926, fast einhundert Jahre nach Kaspar Hausers Auftauchen, durch die erneute Veröffentlichung des Flaschenpost-Textes, die der da-

einer solchen Verfassung mit verankerter Volksvertretung verholfen zu haben, insbesondere Karl von Tettenborn zu verdanken ist, der damals in badischen Diensten stand, sowie seinen weiteren Mitstreitern, u. a. Karl von Rotteck, dem Impulsgeber des *Badischen Liberalismus,* und Karl August Varnhagen von Ense, dem Vertreter Preußens in Karlsruhe, der Baden ausgesprochen zugetan war, und zwar so ausgeprägt, dass er wegen des Verdachts auf *„demokratische Neigungen"* 1819 wieder abberufen wurde.

malige Nürnberger Polizeidirektor mit dem Hinweis versehen hatte, dass die Unterschrift *„S. Hanes Sprancio"* noch immer ein Rätsel sei. Unabhängig voneinander versuchten hierauf ein Lehrer und ein Arzt, das Rätsel zu lösen, und beiden gelang es mit einem Mal, innerhalb von nur zwei Wochen das Anagramm *„S. Hanes Sprancio"* als *„Sein Sohn Caspar"* zu entschlüsseln. Ein Zusammenhang mit dem gleichnamigen Findling lag damit auf der Hand.

Ute Leonhardt ist es im weiteren Verlauf der Kaspar-Hauser-Forschung zu verdanken, dass sie die einzige noch existierende Kopie des Originals* und nicht den im *Le Moniteur* veröffentlichten Text der Flaschenpost unter die Lupe nahm und so auf die eigentliche Unterschrift *„HARES SPRAUCA"* stieß. Nun wird ersichtlich, dass in dem zweiten Wort der Vorname *Caspar* verschlüsselt liegt und das überbleibende U zusammen mit dem ersten Wort den Namen *Hauser* ergibt.[31]

Es ist schwer vorstellbar, dass der Name *„Kaspar Hauser"* hier nur zufällig mit dem des Findelkindes identisch ist, das 1828 wie aus dem Nichts in Nürnberg auftauchte. Wir haben hier vielmehr ein weiteres Indiz** dafür, dass Kaspar Hauser aller Wahrscheinlichkeit nach schon 1816 auf Schloss Beuggen am Rhein in einem Kerker gefangen gehalten wurde.

Okkulte Ebene

Die Mitteilung der Flaschenpost enthält unter anderem den Hinweis, dass es sich bei dem Gefangenen um einen Thronberechtigten handelt, dessen Thron man sich bemächtigt habe. Interessanterweise wird ausdrücklich darauf hingewiesen, dass sogar derjenige, der die Macht an sich riss, nicht über das jetzige Los des eigentlichen Thronfolgers Bescheid wisse.

Somit zeigt sich auch hier wieder, dass dieses Verbrechen auf verschiedenen Ebenen ablief. Die Reichsgräfin von Hochberg, die aus machtpolitischen Motiven Kaspar Hauser aus dem Weg räumen ließ, scheint demzufolge nicht darüber im Bilde ge-

* Bei dieser Kopie des Originals handelt es sich um ein offizielles Dokument, das im Oktober 1816 von dem Archivar M. Diedrich in der *Préfecture du Haut-Rhin* angefertigt wurde.

** An dieser Stelle sei nur die Wappenzeichnung genannt, siehe S. 84.

wesen zu sein, wie mit dem Kind tatsächlich verfahren wurde. Darüber hinaus ahnte sie wohl kaum, dass auch sie selbst, mit ihren dynastischen Interessen, instrumentalisiert wurde, um okkulte Machenschaften zu verschleiern.

Doch kommen wir noch einmal zurück auf die außergewöhnliche Art der Gefangenhaltung des Kindes, wie sie die Kaspar-Hauser-Forschung zu Tage förderte.
Um das dritte Lebensjahr, als sich bei Kaspar Hauser eine Festigung in der Inkarnation anzeigt, isoliert man ihn anscheinend vollständig. Man lässt Kaspar Hauser die folgenden Jahre keinen anderen Menschen mehr finden und entzieht ihm somit auch jeglichen Anknüpfungspunkt für sein kindliches Nachahmungsbedürfnis. Der Wärter und das Kind haben sich tatsächlich nie in die Augen gesehen. So erfährt Kaspar Hauser während seines gesamten Kerkerdaseins nie das, was wir heute allgemein Zuwendung nennen, spürt nie eine noch so kleine zärtliche Handbewegung, hört nie ein freundliches Wort, niemand ruft nach ihm.[32] Für ihn existiert nicht einmal ein Name, mit dem er sich identifizieren könnte, als Anker in einem ungreifbaren Nichts. So vegetiert er zwölf Jahre vor sich hin, um sein Kindsein und um sein Menschsein betrogen.
„So kleine Menschen!", stammelte Kaspar voller Verwunderung, als er in Nürnberg im Alter von fünfzehn Jahren zum ersten Mal Kinder sah. *„So kleine Menschen!"*, und er ist noch lange davon überzeugt, dass er selbst niemals so klein, niemals ein Kind gewesen sei.[33]

Die eigentliche Absicht, die hinter dieser furchtbaren Behandlung steht, wird, wie schon erwähnt, erst auf der Grundlage einer umfassenden Menschenkunde ersichtlich. Dann allerdings ist das präzise Wissen der okkulten Täterschaft über das Ineinandergreifen von Geist und Materie im Menschen, nicht mehr zu übersehen. Man hält Kaspar Hauser, wie gesagt, in völliger Isolation in einem Käfig, in einem Verlies gefangen, der bewusst so konstruiert ist, dass sich das Kind darin nicht aufrichten kann. Dieses Vorgehen entlarvt die Absicht, die drei zentralen, zum menschlichen Wesen gehörenden Fähigkeiten verkümmern zu lassen: das aufrechte Gehen, das Sprechen und das eigenständige Denken; jene Fähigkeiten also, die den Menschen als Träger eines Ich vom Tier unterscheiden. Dabei ist es

insbesondere die aufgerichtete Wirbelsäule, die es der Ich-Kraft ermöglicht, in uns Menschen präsent zu sein. Es ist das Ich-Bewusstsein, das den Menschen aus der tierischen Evolution herausgelöst hat, und diesem Ich will man den vollständigen Einzug in Kaspar Hausers Leib verwehren.
Generell ist die Herausbildung eines freien Ich als zentrales Wesensmerkmal des Menschen Dreh- und Angelpunkt für seine geistige Entwicklung. Denn erst durch ein freies Ich wird uns Menschen ein Erwachen zum eigenen, bewussten Schicksalswirken, möglich.[34]
In Anbetracht dessen gilt es auch, jene spirituellen Tendenzen genauer zu hinterfragen, deren Ziel es ist, das Ich, das leider nicht selten mit dem so genannten „Ego" gleichgesetzt wird, auszublenden. Denn häufig wird hier nicht ausreichend differenziert. Das freie, „höhere Ich" wird dann nicht als dasjenige erkannt, das nichts mehr mit dem „niederen Ich", dem Ego und Anhaftungen zu tun hat. Dabei benötigen wir genau die Herausbildung dieses höheren Ich, da es mit seiner Fähigkeit zur Selbstreflexion für das Menschsein unerlässlich ist. Wird das so genannte „niedere Ich" nicht transformiert, sondern das Ich in seiner Gesamtheit unterdrückt, so besteht die Gefahr, dass sich auch die Persönlichkeit eines Menschen verliert.* Der Volksmund spricht dann davon, jemand sei „abgehoben", weil er ungreifbar geworden ist, da er sich immer weniger mit den realen Verhältnissen verbindet (wir könnten auch sagen, dass er sich ein Stück weit exkarniert hat). Er selbst womöglich wähnt sich frei. Er ist vielleicht frei geworden *von* etwas, doch was die menschliche Freiheit betrifft, so geht es um mehr, nämlich darum, auch frei zu werden *für* etwas, *für* die schöpferische Tat in Liebe und Selbstverantwortung. Damit dies gelingt, bedarf es aber der Ausbildung eines freien Ich, eines Ich, das sich mit einem Höheren zu verbinden weiß, ohne sich dabei selbst zu verlieren.

Der Gerichtspräsident Anselm Ritter von Feuerbach, der sich des Falles Kaspar Hausers angenommen hatte, gab denn auch seiner Veröffentlichung von 1832, von der später noch näher die Rede sein wird, den bezeichnenden Titel: *„Kaspar Hauser*

* Durch den Verlust des Ich besteht zudem die Gefahr, dass an die Stelle der eigenen Gedanken lediglich die eines Gurus treten.

— Beispiel eines Verbrechens am Seelenleben des Menschen". Er trifft damit bereits den Kern jenes Vergehens und er spricht zudem öffentlich aus, dass Kaspar Hauser Gegenstand eines *„partiellen Seelenmords"* geworden sei. Außerdem schreibt er zu dessen Gefangenhaltung: *„Wäre dem gemeinen Recht oder dem bayerischen Strafgesetzbuch ein besonderes Verbrechen gegen die Geisteskräfte oder, wie es richtiger zu bezeichnen wäre, ein Verbrechen am Seelenleben bekannt, so würde dieses, in der rechtlichen Beurteilung [...] den ersten Rang einnehmen [...]."* Weiter spricht Feuerbach vom *„Frevel, der an Kaspar Hausers höherer geistiger Natur verübt wurde, dem Unternehmen, einen Menschen seiner höheren Bestimmung zu entrücken, indem man ihn in tierischen Seelenschlaf versenkt".*[35]
Durch die besondere Art der Gefangenhaltung soll Kaspar Hausers geistig-seelische Entwicklung also unterbunden werden. Er wird bewusst weit unter das ihm mögliche Niveau herab gezwungen, um außerstande zu sein, seinen Schicksalsauftrag zu ergreifen.

Erstaunlicherweise gibt es hier Parallelen zum Schicksal vieler Menschen unserer modernen „Wohlstandsgesellschaft", die durch Drogenkonsum, bewusstseinssteuernde Medikamente oder Computerspiele innerlich letztlich auch, wie in unsichtbaren Käfigen, gefangen sind.* Der Konsum von Massenmedien, meist auf einem Niveau, das kaum mehr etwas zur Entwicklung des Einzelnen beitragen kann, „verklebt" das Potenzial unseres Menschseins, indem es Tausende, ja Millionen Menschen in Passivität verfallen lässt. Was ist die heutige Unterhaltungs- oder Fun-Gesellschaft letztlich anderes als massenhafte organisierte Zerstreuung, in der der Einzelne den Kontakt mit sich selbst, mit seinen wirklichen Bedürfnissen und schließlich mit der Führung seiner Seele verliert? Unmerklich wird der heutige Mensch so seiner Schicksalsaufgabe im irdischen Dasein, seiner Ich-Entwicklung, wie schon Kaspar Hauser, entfremdet. Urbildhaft bis ins Grausige gesteigert, durchlebte demnach Kaspar Hausers Seele bereits vorab dieses Schick-

* Es sei an dieser Stelle auch auf einen Artikel der Autorin verwiesen: *Der Blick kann nicht weit genug sein,* erschienen in *info3,* Nr. 5, Mai 2004, in dem es um die Verabreichung von Ritalin geht.

sal des modernen Menschen, wie Peter Tradowsky bemerkte.* [36]
In einem dämmernden Bewusstseinszustand, ohne Halt in Raum und Zeit, vegetiert Kaspar Hauser so über zwölf Jahre vor sich hin und befindet sich, wie er es später selbst beschreibt, in einem Zustand zwischen Wachen und Schlafen, zwischen Leben und Tod. So wird ihm einerseits unmöglich gemacht, sich als Mensch auf der Erde vollständig zu entwickeln, andererseits wird seinem Geist und seiner Seele die Rückkehr — durch Eintreten des Todes — in die geistige Welt verwehrt. Das heißt auch, der Weg zu einer erneuten Inkarnation wird ihm abgeschnitten.
Die okkulte Täterschaft hielt also nicht nur den Leib Kaspar Hausers gefangen, sondern auch seine Seele und seinen Geist in einem „Nichts", einem Zustand zwischen Leben und Tod.**

* Siehe auch S. 168.
** In der tibetisch-buddhistischen Fachterminologie wird dieser Zustand *Bardo* genannt.

Bild V

Pfingsten 1828
Entlassen aus dem Nichts in die äußere Welt
— Geburt des Ich —

Historische Ebene

Am 26. Mai 1828 taucht gegen vier Uhr nachmittags ein Unbekannter am Nürnberger Unschlittplatz auf. Dem Äußeren nach scheint er etwa sechzehn oder siebzehn Jahre zu sein, er trägt teure, aber zerlumpte Kleidung und seine Hand umklammert einen versiegelten Brief. Dabei wird der sonderbare Fremde offenbar schon vom bloßen Tageslicht so sehr geblendet, dass er kaum in der Lage ist, wirklich zu sehen. Außerdem deutet er immer wieder unter Tränen mit dem Ausdruck großer Schmerzen verzweifelt auf seine Beine, die ihn kaum zu tragen vermögen.[37] Dieser Fremde kann weder richtig stehen noch wirklich gehen, und sein ganzes Verhalten entspricht, zum großen Erstaunen der Anwesenden, eigentlich eher dem eines dreijährigen Kindes.[38] Zudem wiederholt der Junge auf alle Fragen in seiner Unfähigkeit, sich sprachlich auszudrücken, nur stereotyp den einen Satz: *„Ä zechtene möcht i wähn, wie mei Vattä wähn is..."* (ein solcher möchte ich werden, wie mein Vater einer gewesen ist). So konnte auch der befremdliche Eindruck entstehen, dass man es mit einem *„Kind in einem Jünglingskörper"* zu tun habe. Als man den Heranwachsenden schließlich zum Rittmeister bringt, an den sein mitgeführter Brief adressiert ist, weiß dieser mit jenem auch nichts anzufangen, weshalb man den sonderbaren Unbekannten schließlich der Wache am Nürnberger Neutor übergibt.

Die behördlichen Ermittlungen werden eingeleitet und noch am selben Abend findet ein Verhör statt. Es ist das erste in einer endlosen Reihe von Verhören, die erst einen Tag vor dem Tod dieses aufgefundenen „Jünglingskindes" enden sollten.[39]

Die sich dann fast über zwei Stunden hinziehenden Vernehmungen erweisen sich jedoch als äußerst unbefriedigend: Der junge Mann scheint zu hören, ohne zu verstehen, zu sehen,

ohne etwas zu bemerken, die Füßen zu bewegen, ohne sie wirklich zum Gehen gebrauchen zu können. Seine Äußerungen bestehen zudem fast nur aus Tränen, Schmerzenslauten, unverständlichen Tönen oder den häufig wiederkehrenden Worten: *„Reutä wähn, wie mei Vattä wähn is."*
Das ihm angebotene Fleisch und Bier spuckt er unter sichtbarem Entsetzen wieder aus.[40] Brot und Wasser hingegen nimmt er gierig zu sich. Schlussendlich weiß man sich nicht mehr anders zu helfen und bringt den seltsamen Unbekannten gegen 22 Uhr ins Nürnberger Stadtgefängnis. Doch zuvor schreibt dieser noch, zum großen Erstaunen der anwesenden, auf einen ihm vorgelegten Zettel den Namen, den er fortan in der Welt trägt: KASPAR HAUSER.
Glücklicherweise gewähren uns die amtlichen Protokolle späterer Vernehmungen einen Einblick in das, was mit dem Jungen kurz vor seinem Auftauchen in Nürnberg geschehen ist. So berichtete Hauser, als er zu sprechen gelernt hatte, dass in den letzten Tagen seiner Gefangenhaltung ein Mann von hinten an ihn herangetreten sei und mit ihm wieder und wieder, seine Hand führend, den Namen *Kaspar Hauser* geschrieben habe. Als er dann eines Nachts erwachte, fand er sich neu eingekleidet vor. Der Mann, dessen Gesicht er nie zu sehen bekam, hob ihn plötzlich hoch und lehnte ihn senkrecht an die Wand. Dabei durchfuhr Kaspar ein solcher Schmerz, dass er sofort zu weinen begann.

Dies war also der Anfang von Kaspar Hausers leidvollen Weg in die „Freiheit": „Und wie ich zu gehen anfangen sollte, schob er mit seinen Füßen die meinigen fort, um mir begreiflich zu machen, wie ich's machen sollte."[41]
Sein Begleiter* tat bei den Strapazen der Freilassung offenbar alles ihm nur Mögliche, um dem Jungen beizustehen. So legte er Kaspar *„etwas Weiches"* unter, als dieser bei seinen erbärmlichen Gehversuchen immer wieder erschöpft zusammenbrach. Er tröstete ihn mit Worten, wenngleich er dessen Kopf immer wieder zu Boden neigte, offenbar um zu verhindern, dass dieser ihn sah.

* In der Kaspar-Hauser-Forschung wird im allgemeinen davon ausgegangen, dass es sich bei diesem Mann um Kaspars „Pilsacher Gefängniswärter" handelte.

Obwohl für Kaspar Hauser die Schmerzen in allen Gliedern kaum mehr auszuhalten sind, muss er doch immer weiter und weiter gehen. Die sich so über zwei Tage hinziehende letzte Wegstrecke nach Nürnberg, die sie offenbar zu Fuß zu bewerkstelligen hatten — der Weg aus dem Nichts in die äußere Welt —, ist für Kaspar Hauser ein Martyrium!
In Nürnberg angekommen, wird er dann von seinem Begleiter einfach stehen gelassen. Es war nicht möglich gewesen, Kaspar auf diesen gewaltigen Einschnitt in seinem Leben, wenn auch nur mit Worten, vorzubereiten. Ohne zu begreifen, was mit ihm geschieht, im Innern wie ein Kind, das sich seiner noch nicht bewusst ist, taucht er auf in einer fremden Welt, von deren Existenz er bis dato nichts gewusst hat und für die er keine Begriffe kennt. Er weiß nicht, wo er ist, wird vom Licht geblendet, wirre Geräusche bedrängen ihn. Kaspar Hauser hält den Kopf gesenkt und spürt nur Schmerz. Schmerzen in seinen Füßen, seinen Beinen und in seinem Kopf.[42]
Das Unvorstellbare, das diesem Kind über ein Jahrzehnt angetan worden war, vermochte sich damals niemand vorzustellen.

Okkulte Ebene

Es ist Pfingsten, als Kaspar Hauser 1828 freigelassen wird, das Fest der Herabsendung des Heiligen Geistes; jenes christliche Fest also mit dem stärksten Zukunftsimpuls.
Bei seinem Erscheinen ist es ihm zwar noch nicht möglich, sich mitzuteilen, doch lässt sich der Zeitpunkt seines Auftauchens wie ein Hinweis auf die ihm innewohnende verbindende Kraft verstehen. So war es auch Pfingsten, als die „babylonische Sprachverwirrung"* überwunden wurde und die Jünger plötzlich über die Fähigkeit verfügten, durch die eine Sprache des Geistes jedem Menschen das Göttliche nahe zu bringen. Wir können auch mit P. Tradowsky sagen: *„Im Pfingstgeschehen findet der Einzelne als Individualität den Weg zur Gemeinschaft und die Gemeinschaft wird zu einem Organ höheren Lebens."*[43]

* Die plötzliche Spaltung der Menschen durch verschiedene Sprachen war laut Altem Testament (Gen 11, 1-9) die Antwort Gottes auf die Hybris, der die Menschen beim Turmbau zu *Babel* verfallen waren.

Es ist, als fiele hier erneut ein Licht auf den ursprünglichen Schicksalsauftrag Kaspar Hausers, oder wie es Peter Tradowsky weiter formulierte: Hausers Erscheinen *„... trägt die Züge des Geborenwerdens für die Welt".*[44]
Darüber hinaus weist Kaspar Hausers Name unverkennbar in Richtung des Zähringschen Königshauses, schließlich war ja in Hofkreisen bekannt, dass die Großherzogin Stéphanie Napoleon ihren ersten Sohn, der dann so unerwartet „starb", Gaspard nennen wollte. Folglich tauchte auch bald der Verdacht auf, dass der kürzlich in Nürnberg aufgefundene junge Mann nicht nur auf Grund seines Alters, sondern vielleicht sogar tatsächlich, der „so plötzlich verstorbene" Erbprinz von 1812 sein könnte, falls dieser, aus welchen Gründen auch immer, in Wirklichkeit doch nicht gestorben sei? Der Versuch, einen Zusammenhang herzustellen zwischen dem Gefangenen, auf den schon zwölf Jahre zuvor durch eine Flaschenpost aufmerksam gemacht wurde, und dem jetzt aus dem Nichts aufgetauchten Jüngling blieb allerdings damals noch ergebnislos.*
Hier stellt sich natürlich die Frage: Wer hat Kaspar Hauser diesen Namen gegeben, der zum einen die Verbindung zum Zähringschen Königshaus erkennen lässt und zum anderen, wie sich erst viel später herausstellen sollte, auch die Lösung des Anagramms der Flaschenpost darstellte? Wer hat dem Kind diesen Namen gegeben, das, wenngleich es in der Lage war, ihn zu schreiben, dennoch nicht einmal wusste, dass es selbst Kaspar hieß, weil offenbar niemand nach ihm gerufen hatte? War es der Versuch eines Mitwissers, sein schlechtes Gewissen zu erleichtern, war es Mitleid, das den Namensgeber bewog, den Jungen schließlich doch nicht ohne einen Hinweis auf seine königliche Abstammung der Menschheit zu überlassen?

Der Name Kaspar ist uns allen aus dem Kaspertheater bekannt, das als volkstümliches Handpuppenspiel im 19. Jahrhundert aufkam. Dabei handelt es sich um Figuren, die sich nicht selbst von innen ergreifen können, sondern, wie Kaspar Hauser, von fremder Hand bestimmt werden. *„Der Unbekannte",* so Kaspar Hauser, *„faßte mich unter beiden Armen und lehrte mich das Gehen, indem er meine Füße mit den seinigen fortschob".*[45] Tatsächlich zieht sich das Thema Fremdbestim-

* Zur Flaschenpost siehe Bild IV, S. 55.

mung geradezu symptomatisch durch Kaspar Hausers ganzes Leben.
Hinsichtlich des Nachnamens „Hauser" wurde immer wieder vermutet, dass er ihm zum Hohn verliehen wurde, als dem, der das Haus nicht verlassen konnte und so zum „Hauser" wurde. Vielleicht war dies der simple und plausibel erscheinende „Einfall" des Namengebers. Doch bei einer näheren Betrachtung zeigt sich auch hier, bei seiner Namengebung, das Hereinwirken einer tiefen Weisheit. So ist Kaspar von den Heiligen Drei Königen des Neuen Testaments der Mohr, der im Hintergrund Verbleibende. Er ist Überbringer der Myrrhe, einer Heilpflanze, die ihren Wert (ihre Essenz) nicht, wie das Gold, gleich offenbaren kann. Die bittere Myrrhe weist vielmehr auf Erdenschmerz, Krankheit und Tod und auf deren Überwindung durch Jesus Christus. Dabei ist sie auch Symbol für die immer währende Verbindung der Menschenseele mit dem göttlichen Urgrund.
Was den Nachnamen betrifft, so ist „Hauser" oder auch „Hausel" im Bayerischen die Kurz- oder Koseform des Vornamens „Balthasar".[46] Balthasar entstammt dem Babylonisch-Hebräischen und geht auf Belsazar zurück, was *„Gott schütze den König"* bedeutet. Kann es angesichts der Abstammung Kaspar Hausers noch deutlicher gesagt werden?
König Balthasar ist zudem Überbringer des Weihrauchs, der symbolisch für menschliche Tugend und Opferdienst steht — Qualitäten, von denen das Schicksal Kaspar Hausers zutiefst durchdrungen war, wie noch deutlich werden wird.
In seiner Namengebung begegnen uns also gleich zweimal die Weisen aus dem Morgenland. Diese hatten den Christusstern geschaut und waren bereit, sich auf den Weg zu machen, ihm zu folgen. So kann auch der Name Kaspar Hauser für das Aufgreifen einer neuen, freien Verbindung des Menschen mit dem Göttlichen stehen.

Es ist, als ob in Kaspar Hausers Namengebung und seiner Freilassung zu Pfingsten die Grenzen der okkulten Täter und ihrer Machenschaften sichtbar würden. Das Ringen, das sich auf geistiger Ebene im Hintergrund der Geschichte abspielt, lässt sich anhand solcher Momente nur erahnen.
Dennoch, die plötzliche Freilassung ist für Kaspar Hauser wie ein zweites, leidvolles Geborenwerden, denn durch die Art der

Gefangenhaltung hatte man ja auf unglaubliche Weise zu verhindern gewusst, dass sein Ich sich mit seinem Leib verbinden konnte. Aber sein erstes aufrechtes Gehen, das bewusste Wahrnehmen seines Körpers durch die ungeheuerlichen Schmerzen nach über zwölf Jahren der Apathie, Finsternis und Isolation, führen schließlich doch zu jenem einschneidenden Moment, in welchem das Ich in seinen Leib einzieht.
Der Weg in die äußere Welt ist für Kaspar Hauser demnach zugleich der Inkarnationsweg seines Geistes; es ist seine geistige Geburt, die hier zu Pfingsten — dem Fest der Herabsendung des Heiligen Geistes — ihren Anfang nimmt.

Bild VI

Fassungslos der Welt preisgegeben

Historische Ebene

Bereits zwei Tage nach seinem unvermittelten Auftauchen, also am 28. Mai 1828, wird Kaspar Hauser vom Nürnberger Stadtgerichtsarzt Dr. Preu eingehend untersucht. Die medizinischen Befunde, darunter die schon erwähnten Deformationen der Gelenke von Ober- und Unterschenkelknochen bis hin zur weichen Haut seiner Fußsohlen sowie die Hypersensibilität seiner Sinneswahrnehmungen, lassen den Arzt in seinem ausführlichen Gutachten feststellen, dass dieser Jugendliche offenbar schon von frühester Kindheit an im Dunkeln, in einer vorwiegend flach auf dem Boden sitzenden Position gefangen gehalten wurde. Dieses Ergebnis wird zudem durch ein weiteres, unabhängiges ärztliches Gutachten von Dr. Osterhausen untermauert.[47] Die Angaben, die Kaspar Hauser später selbst bezüglich seiner Gefangenhaltung machte, stimmen also vollkommen mit den Untersuchungsergebnissen auf medizinischer Grundlage überein.

Die Nürnberger Ärzte entdecken darüber hinaus die schon erwähnten beiden Impfnarben. Von offizieller Seite wurde dies auch als Hinweis auf eine höhere Abstammung des jungen Mannes interpretiert.

Der Nürnberger Gefängniswärter Andreas Hilten, unter dessen Aufsicht Kaspar Hauser in der Anfangszeit steht, gelangt zudem bald zu der Überzeugung, dass Kaspar Hauser alles andere als ein Betrüger oder geistig minderbemittelt sei, sondern *„[...] vielmehr auf unbegreifliche Weise von aller Ausbildung und geistiger Entwicklung zurückgehalten worden sein müsse".*[48] Demnach stellte sich die Frage, weshalb dieser unbekannte Halbwüchsige aus der Gesellschaft entfernt worden war.

Um dem Verbrechen *„an Leib und Seele dieses Kindes"* auf die Spur zu kommen, übernimmt der Polizeichef und Bürgermeis-

ter Nürnbergs, Jakob Friedrich Binder, am 4. Juni 1828 sogar höchstpersönlich die weiteren Vernehmungen Kaspar Hausers. Da es allerdings nur unter größter Anstrengung möglich ist, von dem Findling Einzelheiten über seine Vergangenheit zu erfahren, entschließt sich Binder — in der Hoffnung auf weiterführende Hinweise — schließlich zu einer öffentlichen Bekanntmachung. So erscheint über das rätselhafte Auftauchen des Jünglingskindes am 14. Juli 1828 die so genannte *Bindersche Bekanntmachung* in der Presse. Das heißt, alle maßgeblichen Zeitungen des In- und Auslands druckten, meist in vollem Wortlaut, dieses in der Kriminalgeschichte wohl einzigartige Dokument, durch das Kaspar Hauser schlagartig in das Bewusstsein der Weltöffentlichkeit tritt. Sein Fall beschäftigt nun nahezu alle Gesellschaftsschichten in ungekanntem Ausmaß — Kaspar wird zur Sensation! So dauert es auch nicht lange, bis Besucher von nah und fern kommen, um den *„Naturmenschen"* im Gefängnisturm, gleich einem seltenen Tier in einer Menagerie, zu bestaunen.
Kaspar ist der Welt schutzlos ausgeliefert, und es ist wohl nur schwer vorstellbar, was diese Anfangszeit für den Jungen bedeutete. So war für ihn nicht nur das Tageslicht neu, sondern auch die Erfahrung, plötzlich von Gegenständen umgeben zu sein. Hinzu kam das Vorhandensein eines Tagesablaufs mit entsprechenden Verrichtungen, ganz zu schweigen von den Menschen, die ihn nicht nur einzeln, sondern in Massen aufsuchten. In kindlicher Unschuld und mit fassungsloser Seele, in der überhaupt erst ein Verstehen geboren werden muss, ist Kaspar Hauser so den ganzen Tag auf Gedeih und Verderb der Schaulust Neugieriger preisgegeben. Er wird mit Fragen bedrängt, wegen seiner mühsam hervorgestammelten Laute verlacht sowie zum Opfer unbesonnener „Experimente", und er leidet physisch wie psychisch angesichts des Unfassbaren, das mit ihm geschieht.
Der Besuch des Staatsrats, Appellationsgerichtspräsidenten und Kriminalisten Anselm Ritter von Feuerbach*, der zunächst aus persönlichem Interesse von Ansbach nach Nürnberg fährt,

* Feuerbach, seines Zeichens eine Kapazität auf dem Gebiet der Rechtsprechung, ist es unter anderem auch zu verdanken, dass in Süddeutschland die Folter abgeschafft sowie die öffentliche Rechtsprechung eingeführt wurde.

um sich ein Bild von der Angelegenheit zu machen, setzt diesem Treiben schließlich ein Ende. Er sieht sich dazu veranlasst, an entsprechender Stelle deutlich zu machen, dass Kaspar Hauser entweder an einem Nervenfieber sterben oder wahnsinnig werden müsse, wenn nicht bald seine Lage geändert würde, beziehungsweise dass er Gefahr liefe, durch Verblödung unterzugehen.

Okkulte Ebene

Es ist also Anselm Ritter von Feuerbach, der Kaspar Hausers Leiden im Gefängnis beendet. Damals ahnt er allerdings noch nicht, dass einmal sein eigener vorzeitiger Tod mit der Aufdeckung des an Kaspar Hauser verübten Verbrechens und dem Eintreten für dessen Schicksal zusammenhängen würde. Vielmehr beobachtet Feuerbach, als unentbehrlicher Beschützer und Zeitzeuge dieses Kindes, mit großem Interesse: dass jenes *„reine Menschenkind"* keine Idee von Gott, keinen Glauben an irgendein Höheres aus seinem Kerker mit in das äußere Leben brachte. Aber wie sollte dies auch anders sein, lebte Kaspar Hauser doch gemäß seiner damaligen kindlichen Verfassung noch in einer Einheit mit dem Weltganzen. So besaß er zunächst noch kein eigenständiges Bewusstsein, und damit fehlte ihm natürlich auch die Voraussetzung, um sich als getrennt von etwas Übergeordnetem zu erleben — die Grundlage jeden Glaubens.[49]
Feuerbach verwendet damals in seiner Schilderung des sechzehnjährigen Jungen das feinsinnige Wort *„Jünglingskind"*. Er ist fasziniert von Kaspar Hausers einzigartiger Erscheinung reiner Kindhaftigkeit in einem Jünglingskörper sowie von seiner kindlichen *„[...] Güte und Milde, die ihn unfähig machten [...]"*, auch nur dem kleinsten Lebewesen, *„[...] einem Wurm oder einer Fliege, geschweige einem Menschen wehzutun [...]"*.[50] All dies wirkte auf den Gerichtspräsidenten *„[...] wie der Abglanz des Ewigen in der Seele eines Engels [...]"*.[51]

Bald nach Kaspar Hausers Auftauchen sucht auch Georg Friedrich Daumer, ein universal gebildeter Pädagoge und ehemaliger Schüler Hegels, den Findling im Nürnberger Stadtgefängnis auf. Dabei ist bemerkenswert, wie er, obwohl Kaspar Hauser bereits in aller Munde war, dennoch schreibt: *„Ich fand mehr, als ich erwartet hatte."*[52] Allein diese erste Begegnung berührte Daumer so tief, dass er es fortan als seine innere Verpflichtung empfand, Kaspar Hauser, diesem ausgelieferten Kind, seine ganze Hilfe zuteil werden zu lassen. Und er ist diesem Entschluss treu geblieben, sogar weit über dessen Tod hinaus, wie unter anderem in seinem Widmungsgedicht von 1873* deutlich wird.

Beim Studium der Augenzeugenberichte ist also unübersehbar, dass Kaspar Hausers starke Seelenausstrahlung die Menschen zutiefst berührte. So fand sich in Nürnberg — wie vom Schicksal herbeigeführt — auch schnell ein Kreis von Persönlichkeiten, der sich schützend vor das „Jünglingskind" stellte. Es waren Menschen da, die ihn verstanden, ja mehr noch, die Kaspar Hauser in seinem Wesen erkannten, das aus dem Dunkel seiner Vergangenheit wie ein Stern hervorstrahlte.

So war es auch die menschliche Ergriffenheit, die den Nürnberger Bürgermeister Jakob Friedrich Binder als Vorsteher der Nürnberger Polizeibehörde dazu veranlasste, in seiner öffentlichen Bekanntmachung so manche Regel polizeilichen Vorgehens außer Acht zu lassen. Die Länge und die tiefe Anteilnahme, die in diesem Text zum Ausdruck kommt, sprechen für sich und dürften in Form eines offiziellen polizeilichen Schreibens wohl einzigartig sein. So heißt es dort unter anderem: *„[...] Die Gemeinde, die ihn in ihren Schoß aufgenommen, liebt ihn und betrachtet ihn als ein ihr von der Vorsehung zugeführtes Pfand der Liebe."*[53]

Mit der *Binderschen Bekanntmachung* wurde für Kaspar Hauser ein schicksalsweisendes Dokument geschaffen, das von seinem Wesen vor der Weltöffentlichkeit Zeugnis ablegte. Der zunächst harmlos erscheinende Fall eines plötzlich aufgetauchten, zurückgebliebenen unbekannten Jungen gewann auf diese Weise über Landesgrenzen hinweg das Interesse und die Anteilnahme unzähliger Menschen. Der Plan, Kaspar Hauser als tölpelhaften Außenseiter, als Stallburschen oder Pferdeknecht — das Schreiben, das Kaspar Hauser bei seinem Auftauchen in Nürnberg mit sich führte, wies ihn ja zu einem Rittmeister — seiner Berufung entfremdet, „lebendig" in der Welt zu begraben, war

* Siehe S. 153f.

damit gescheitert. Das gewaltige Potenzial seiner seelischen Strahlkraft war demnach unterschätzt worden, denn sein Wesenskern vermochte es doch noch, seinen Körper zu durchdringen, und dies, obwohl die okkulte Täterschaft über zwölf Jahre hinweg genau das zu verhindern versucht hatte.

So spricht Rudolf Steiner auch von dem misslungenen Versuch der okkulten Täterschaft, jene Individualität von ihrer Aufgabe zu trennen.[54]

Bild VII

Ein Geist erhält Raum und leuchtet auf
Entwicklung
Kaspar Hauser — Kind Europas

Historische Ebene

Aus persönlicher Anteilnahme und in der Absicht, zur Entwicklung dieses verlorenen Menschenkindes etwas beizutragen, besucht der Nürnberger Gymnasialprofessor Georg Friedrich Daumer Kaspar Hauser schließlich täglich im Stadtgefängnis. Dabei erlaubt es ihm der Andrang der Neugierigen kaum, auch nur eine halbe Stunde mit dem Kind allein zu verbringen. Nichtsdestotrotz lässt sich Daumer nicht abhalten, sofort mit dem Unterricht für den Jungen zu beginnen, denn nach den Jahren des Dahinvegetierens kennt dessen Wissensdurst keine Grenzen. Auch Feuerbach schreibt im Anschluss an seine erste Begegnung mit Kaspar am 11. Juli 1828: *„[...] es ist, als wollte seine Seele durch alle Gesichtsmuskeln und durch die weiter geöffneten lebhaft starrenden Augen gewaltsam hervorbrechen, um ihren Gegenstand zu umklammern und in sich hineinzuziehen".*[55]
Wenngleich Kaspar seine Sätze anfangs auch noch wie ein Kind aufbaut, so spricht er doch bald fast vollkommen verständlich.[56] Und obwohl zunächst täglich nur eine halbe Stunde Unterricht möglich sind, lernt er innerhalb von nur drei Wochen notdürftig lesen, zählen, Zahlenreihen aussprechen, addieren, subtrahieren, macht Fortschritte im Schönschreiben und lernt ein einfaches Musikstück auf dem Klavier.[57] Feuerbach bemerkt dazu: Kaspars Fortschritte *„[...] sind außerordentlich, wozu andere Monate und Jahre brauchen, lernt er in Tagen".*[58]
So versetzt Kaspar Hauser mit seiner ungewöhnlichen Auffassungskraft, die zudem mit einem einzigartigen Gedächtnis gepaart ist, sein Umfeld in Staunen. Dabei geht es Kaspar weniger um die Lerninhalte, als vielmehr um das Lernen selbst, dem seine ganze Leidenschaft gilt.

Nachdem Kaspar Hauser bereits sieben Wochen im Gefängnis verbracht hat, erklärte sich Georg Daumer bereit, den Findling bei sich zu Hause aufzunehmen. So wird Kaspar Hauser am 18. Juli 1828 dem Pädagogen Georg Friedrich Daumer ganz zur Pflege und Erziehung übergeben. Für den Jungen war dies natürlich ein Segen, und es spricht für sich, dass auch schon der Philosoph Friedrich Hegel seine Kinder Georg Daumer zum Privatunterricht anvertraut hatte.
Auf Anregung Daumers beginnt Kaspar bereits im September 1828, ein Tagebuch zu führen*, und die Überzeugung des Nürnberger Bürgermeisters Binder, die dieser schon in seiner amtlichen Bekanntmachung ausgesprochen hatte, *„[...] dass die Natur ihn* (Kaspar Hauser) *mit den herrlichsten Anlagen des Geistes, Gemüts und Herzens reich ausgestattet hat",*[59] schien sich nur zu bestätigen. So schreibt Daumer in einem Bericht über Kaspar Hauser Anfang September 1828: *„Er ist von der größten Gutmütigkeit und Weichherzigkeit [...]. Sein Urteil ist scharf und treffend, seine Beobachtung außerordentlich fein. Autoritäten gelten nichts bei ihm; er vertraut nur eigener Anschauung, Erfahrung und Einsicht. [...] Sein Verstand erkennt in seinen Anforderungen keine Grenzen an und will absolut befriedigt sein [...]. Als seine hervorstechendsten Talente zeigen sich die technischen und künstlerischen."*[60]

Hatte man anfangs noch gehofft, durch Binders Bekanntmachung weiterführende Hinweise auf die Herkunft Kaspar Hausers zu erhalten und den Fall aufklären zu können, so erkennt man bald die seltsame Erfolglosigkeit aller Bemühungen als symptomatisch für dieses außergewöhnliche Verbrechen. Demnach sah sich auch das Nürnberger Gericht in seinem Anfangsverdacht bestärkt, dass dieses unglaubliche Verbrechen von Angehörigen einer höheren Klasse begangen worden sein müsse, die durch Stand und Vermögen über Mittel verfügen, jeden Mitwisser zum Schweigen zu bringen. Schließlich erstattete der

* Bedrängt durch seinen späteren Lehrer und Ziehvater Johann Meyer sowie Lord Stanhope, die beide mit allen Mitteln versuchten, sich Einblick in sein Tagebuch zu verschaffen, sah Kaspar Hauser schließlich, wie er selbst sagte, keinen anderen Ausweg mehr, als es zu verbrennen (wobei er es mit Sicherheit noch 1832, ein Jahr vor seiner Ermordung, führte). Siehe J. Mayer/Tradowsky, Kaspar Hauser. Das Kind von Europa. Stuttgart 1984, S. 153 ff.

Polizeioffiziant Johann Adam Röder nach einem weiteren Verhör Kaspar Hausers am 17. Dezember 1828 eine Anzeige gegen Unbekannt.
Die Suche nach dem Ausgangspunkt des Verbrechens, der Herkunft Kaspar Hausers setzt sich also fort. Dabei nimmt die Öffentlichkeit weiter großen Anteil an dem Schicksal des Findlings, und schon bald spricht man von Kaspar Hauser — offenbar aus einer tiefen inneren Verbundenheit heraus — als dem „KIND EUROPAS".

Okkulte Ebene

Nachdem sich Kaspar Hauser allmählich in die „Außenwelt" eingelebt hat und die vielen Sinneseindrücke ihn nicht mehr überfordern, ist er nun glücklich, auf der Welt zu sein, deren Schönheit ihn immer wieder aufs Neue bezaubert. Dabei spricht er interessanterweise von sich selbst als jemandem, der *„noch nicht lange auf der Welt ist".*
In Daumers familiärem Umfeld findet Kaspar Hauser erstmalig ein äußeres wie seelisch-geistiges Zuhause und damit die besten Voraussetzungen für seine Entwicklung. Es ist anzunehmen, dass die okkulte Gegnerschaft dies als weiteren Rückschlag verzeichnete. Ohnedies musste sie ja schon zusehen, wie Menschen auftauchten, die ihre Hand schützend über Kaspar Hauser hielten. Anselm Ritter von Feuerbach, Jakob Friedrich Binder, Georg Friedrich Daumer und Gottlieb Freiherr von Tucher (Kaspars späterer Vormund) sind zur Stelle und nehmen sich des „Kindes" mit besonderer Wärme und Menschlichkeit an. Dabei haben sie, von seinem Wesen tief berührt, immer wieder von ihm Zeugnis abgelegt. Wie aus ihren Aufzeichnungen hervorgeht, empfand jeder von ihnen die Begegnung mit diesem „Jünglingskind" als das größte Schicksalsereignis seines Lebens. Offenbar erfasste ihre Herzensintelligenz, welch großer Lebensentwurf mit diesem Kind, das man bereits das „Kind Europas" nannte, verbunden war.
Auch erscheint es wie eine Fügung des Schicksals, dass der erst achtundzwanzigjährige Gymnasialprofessor Georg Friedrich Daumer aus gesundheitlichen Gründen vom Schuldienst beurlaubt worden war, denn nur so konnte er jetzt auch für Kaspar Hauser Lehrer, Erzieher und im besten Sinne des Wor-

tes Pflegevater sein; dabei erkannte er in der Fürsorge und Förderung des nur zwölf Jahre nach ihm Geborenen seine Lebensaufgabe. Daumer war der Mensch, mit dem sich Kaspar während seines kurzen Lebens am längsten und intensivsten verband, er wurde zu Kaspar Hausers wichtigstem Schicksalsbegleiter. Darüber hinaus hat Daumer als Augenzeuge der Öffentlichkeit seine Erfahrungen mit dem Findling zugänglich gemacht und in nicht weniger als drei Büchern Einblick in dessen Entwicklung gewährt. Die Treue, mit der Daumer den Weg seines Schülers begleitete, und die Weise, wie er auch nach dessen Tod zu ihm stand, verdienen Hochachtung. Lady von Hamilton, die jüngste Schwester des 1812 geborenen badischen Kronprinzen, die fest davon überzeugt war, dass Kaspar Hauser ihr Bruder gewesen ist,* half wohl auch deshalb Georg Daumer im Alter aus großer finanzieller Not.[61]
Bei Daumer also darf Kaspar Hauser die ihm so lange verwehrte Weltbegegnung nachholen, die er dann mit jener so vehement einsetzenden Entwicklung beantwortet. Dabei erlaubt es ihm seine außerordentliche Auffassungsgabe, in erstaunlichem Maße das aufzuholen, was man so lange bei ihm zu verhindern suchte, nämlich *der zu werden, der er hätte sein können.*
Seine Entwicklung bahnt sich ihren Weg mit ungeheuerlicher Kraft. Es ist, als ob seine innere Mission erwacht und es doch noch darum ginge, an seinen eigentlichen Schicksalsauftrag anzuknüpfen. Zudem wird offenbar von erstaunlich vielen Menschen intuitiv erfasst, dass das zukünftige Schicksal Europas mit dem Schicksal dieses Jünglinskindes verwoben ist. Die lichten Mächte gewinnen die Oberhand, Kaspar Hauser wird zum KIND EUROPAS!

Kind Europas nannten die Menschen ihn, und dennoch war es ihnen nicht möglich, ihre tiefe Ahnung in Begriffe zu fassen.** Das Volk liebte Kaspar Hauser, und so lebte er — auch nachdem man ihn schon längst ermordet hatte — in dessen Erzählungen und Liedern weiter fort. Dabei gilt es, in der erwachenden Persönlichkeit Kaspar Hausers seinen individuellen Seelenkern, sein Ich zu erkennen, das jetzt in Erscheinung trat, und

* Marie von Hamilton hatte ihre Mutter Stéphanie 1832 auch bei ihrer geheimen Reise nach Ansbach begleitet, siehe S. 117.
** Vgl. hierzu Bild XII, S. 131.

nicht etwa davon auszugehen, dass seine außergewöhnliche Ausstrahlungskraft seiner langen Isolation zuzuschreiben sei. Vielmehr stellt sich doch die Frage, wie viele Menschen eine derartige Behandlung, also eine Gefangenhaltung von mehr als zwölf Jahren in völliger Isolation, überhaupt physisch, geschweige denn psychisch unbeschadet überstanden hätten. Und so lässt sich nur erahnen, welche Wirkung tatsächlich von Kaspar Hauser hätte ausgehen können, wenn er als erwachsene, gereifte Persönlichkeit auf der Grundlage einer natürlichen Entwicklung und im vollen Besitz eines erwachten Ichs seine Aufgabe hätte erfüllen können!

Kaspar Hausers außergewöhnliches Wesen zeigte sich unter anderem auch in der Achtsamkeit, mit der er seine Bedürfnisse mitteilte. Er verstand es, seine Worte so zu wählen, dass sie dem anderen die Freiheit ließen, selbst auf ihn zuzugehen.
Als beispielsweise Georg Friedrich Daumer mit Kaspar Hauser die ersten Spaziergänge unternahm und der Schritt des Lehrers noch viel zu schnell für Kaspar war, sagte er nicht etwa, *„Bitte, gehen Sie doch langsamer, so schnell kann ich nicht laufen!“,*[62] sondern: *„Wenn ich nur auch so rasch gehen könnte wie der Herr Professor.“*[63] Auch beklagte er sich nicht bei Herrn von Tucher, als dieser eines Abends eine helle Lampe hereinbringen ließ, deren Licht Kaspars extrem lichtempfindlichen und entzündeten Augen Schmerzen bereitete, sondern er fragte nur: *„Kann denn Herr von Tucher dies helle Licht ertragen?“*[64]
So erscheint Kaspar Hauser bereits wie ein Vorreiter der *gewaltfreien Kommunikation*, deren Bedeutung uns heute mehr denn je bewusst wird.
Darüber hinaus tauchten bei Kaspar Hauser Erleuchtungsmomente auf, in denen er tiefe Zusammenhänge schaute. So können wir beispielsweise den detaillierten Aufzeichnungen Daumers entnehmen: Als Kaspar einmal einen großen Drang nach Erkenntnis verspürt habe, *„Da sei ihm, erzählte er, auf einmal alles klar geworden, und zwar durch ein Bild, das sich ihm darstellte und dessen Bedeutung er zugleich vollkommen verstand. Es sei ihm gewesen, ‚als sei Alles Eins, die Menschheit mit der Natur zusammen‘, doch aber so, ‚dass eigentlich erst die Menschheit das Ganze ausmache‘.“*[65]
In der Nacht vom 30. auf den 31. August 1828 hatte Kaspar Hauser außerdem einen bemerkenswerten Traum und berich-

tete, er habe von einem *„Großhaus"* geträumt (er kannte den Begriff Schloss damals noch nicht). Dass es sich in seinem Traum tatsächlich um ein Schloss gehandelt hatte, legt seine erstaunlich detaillierte und aufsehenerregende Beschreibung nahe: So spricht er von schönen Räumen mit prächtigen Möbeln, riesigen glitzernden Lampen, die von der Decke herabhingen, langen Reihen von großen bunten Bildern, von Säulen mit steinernen Menschen darauf. Er beschreibt also Dinge, die er nicht aus der Zeit nach seiner Freilassung kennen konnte. Und er sagte offenbar *„[...] mit großer Bewegung"*, wie aus den genauen Aufzeichnungen hervorgeht, *„es sei ihm, als habe er einmal so ein Haus gehabt (ausdrücklich so), und er wisse nicht, was er davon denken solle".*[66] Dieser Traum, der noch vor seinem ersten Besuch der Nürnberger Burg erfolgte, schien die bestehenden Rückschlüsse auf Kaspar Hausers höhere Abstammung nur zu bestätigen.*
Zudem tauchte bei Kaspar die Erinnerung an ein Wappen auf, das er, seitdem man ihn in Nürnberg ausgesetzt hatte, nirgendwo gesehen haben konnte. Er brachte dieses Wappen in mehreren Zeichnungen zu Papier, wobei ihm die einzelnen Elemente, die er zeichnete — wie Krone und Zepter —, in ihrer Bedeutung überhaupt nicht bewusst waren.
Tatsächlich gelang es Fritz Klee 1929 anhand dieser Wappenzeichnungen und unter Berücksichtigung der Angaben aus der Flaschenpost, Kaspar Hausers frühen Aufenthaltsort auf Schloss Beuggen ausfindig zu machen.

— Ein Genius breitet seine Schwingen aus, Erleuchtungsmomente treten auf, Traumbilder und Erinnerungen werden wach, die Kräfte bündeln sich —, fast scheint es, als würde auch auf geistiger Ebene darum gerungen, seinem Schicksalsauftrag doch noch zu einem Durchbruch zu verhelfen.

* Es fand sogar eine eidesstattliche Vernehmung Gottlieb von Tuchers zu Kaspar Hausers Beschreibung des aufsehenerregenden Traums statt.

Bild VIII

Oktober 1829
Erstes Attentat auf Kaspar Hauser

Historische Ebene

„Mein erstes Jahr begrüße ich heut",[67] so beginnt das Gedicht, das Kaspar noch voll Zuversicht im April 1829, ein Jahr nach seiner Freilassung, verfasste.
In der Tat nimmt unter der Obhut Daumers seine Entwicklung weiterhin einen so günstigen Verlauf, dass bereits im Sommer 1829 an die Öffentlichkeit dringt, Kaspar Hauser beabsichtige, seine Lebensgeschichte aufzuschreiben. Dieses Vorhaben muss für die Gegner alarmierend gewesen sein, denn bald darauf wird er ohne Vorankündigung von zwei Unbekannten aufgesucht, die sich Einsicht in seine Aufzeichnungen verschaffen, offensichtlich um besser einschätzen zu können, an was er sich hinsichtlich seiner Vergangenheit zu erinnern vermag und wie es insgesamt um seine Entwicklung bestellt ist. Die beiden Unbekannten nutzen außerdem die Gelegenheit, Kaspar, den sie alleine anzutreffen wissen, bezüglich seiner Gewohnheit, spazieren zu gehen, zu befragen, und lassen sich darüber hinaus die Holzkammer des Hauses zeigen. Auf Kaspars Fragen, wer sie denn seien und woher sie kämen, erhält er nur zur Antwort, sie kämen von weit her, *„... und Hauser würde den Ort, wenn sie ihn nennten, doch nicht kennen".*[68]
Sechs Wochen später, am 17. Oktober 1829 um 11 Uhr, erfolgte dann das erste Attentat auf Kaspar Hauser.
Ein unbekannter maskierter Mann dringt in das Haus Georg Daumers ein, passt den Jungen ab (wobei dem Täter vermutlich oben genannte Holzkammer als Versteck diente) und versucht, ihn mit einer Art Knochenbeil eines Metzgers umzubringen. Kaspar scheint allerdings diesen Angriff mit seinem Arm abgewehrt zu haben, so dass die scharfe Klinge ihr eigentliches Ziel, den Hals, verfehlt und ihn statt dessen an der Stirn trifft. Er wird dennoch so schwer verletzt, dass er zwei Tage be-

wusstlos beziehungsweise nur noch teilweise bei Bewusstsein ist. In dieser Zeit stößt er verzweifelt abgerissene Sätze hervor, gerät in Panik und schlägt in Todesangst um sich, so dass selbst mehrere starke Männer Mühe haben, ihn zu bändigen.
Bereits am Tag des Attentats findet um 15 Uhr eine erste gerichtliche Vernehmung von Daumer und dessen Mutter zu dem Anschlag statt. Am 19. Oktober wird der noch geschwächte Kaspar vom Kreis- und Stadtgericht an seinem Krankenbett verhört; am 20. Oktober wird das Verhör fortgesetzt, und am 28. Oktober folgen weitere Vernehmungen. Kaspar Hauser ist fest davon überzeugt, in dem maskierten Täter, an den Händen und der Stimme, jenen Mann erkannt zu haben, der ihn ein Jahr zuvor nach Nürnberg gebracht hatte. Wie aus den Vernehmungsunterlagen hervorgeht, sagte der Täter noch, bevor er sich nach dem missglückten Hieb aus dem Staub machte: *„Du mußt doch noch sterben, ehe du aus der Stadt Nürnberg kommst", „welche Worte mir* (so Kaspar weiter) *durch alle Glieder gingen".*[69]

Vier Tage nach dem misslungenen Mordanschlag, am 21. Oktober 1829, steigt ein vornehmer Engländer am Nürnberger Kornmarkt im Gasthof „Wilder Mann" ab. Die Wahl dieses drittklassigen Gasthofes, der für den Gast keinesfalls standesgemäß war, erfüllte offenbar nur den Zweck, möglichst nicht von der Öffentlichkeit zur Kenntnis genommen zu werden. Darüber hinaus zeigt der Engländer nicht das geringste Interesse für den berühmtesten Einwohner der Stadt, der damals europaweit in aller Munde war, Kaspar Hauser. Es ist befremdlich, dass es sich hierbei um denselben weltgewandten Mann handelt, der eineinhalb Jahre später Nürnberg erneut aufsucht, um sich sofort als Pflegevater für das „Findelkind" anzubieten: Philipp Henry IV., Earl of Stanhope.
Heute wissen wir, dass sich Lord Stanhope durch sein Bankhaus Merkel bereits vor diesem ersten Nürnberg-Aufenthalt alle bis dahin erschienenen Zeitungsberichte, Untersuchungsergebnisse sowie eine Abbildung Kasper Hausers hatte beschaffen lassen.[70]
Seiner Reise ging zudem ein Treffen mit dem österreichischen Staatskanzler Fürst von Metternich und Friedrich von Gentz zur Kaspar-Hauser-Frage voraus.[71] Gentz hatte sich bereits als Publizist durch seinen Kampf gegen die Prinzipien der Französi-

schen Revolution hervorgetan und galt als rechte Hand Metternichs, der ihn zum außerordentlichen österreichischen Hofrat ernannte. Als Organisator des Wiener Kongresses gehörte Gentz damals unverkennbar zu den Schlüsselfiguren europäischer Diplomatie, die den Befreiungsgedanken in die Restauration verkehrten.*

Okkulte Ebene

Nun, da Kaspar Hauser endlich Liebe und Fürsorge durch andere Menschen erfahren durfte und glücklich ist, am Leben zu sein, wo er mitten in seiner aufholenden Entwicklung stand, muss er erneut — und diesmal bewusst — den Zugriff der dunklen Mächte auf sich erfahren.
Es fällt auf, dass zeitnah zu dem Attentat Lord Stanhope in Nürnberg auftaucht. Dabei handelt es sich bei ihm um die einzige Person, die mit allen Menschen bekannt war, die mit Kaspar Hauser oder der Prinzenfrage auch nur irgendwie zu tun hatten oder noch haben sollten.
Äußerlich betrachtet besteht die Aufgabe des Lords offensichtlich darin, möglichst so zu agieren, dass die Metternich'sche Restaurationspolitik nicht durch Kaspar Hauser, einem aus der Versenkung aufgetauchten Abkömmling Napoleons, gefährdet werden konnte. Das beinhaltet natürlich auch, unter allen Umständen die Klärung der Abstammung des Findlings zu verhindern. Aber in Lord Stanhope lässt sich auch der Drahtzieher jener okkulten Gegenkräfte erkennen, deren Bestreben es ist, die geistig-kulturelle Entwicklung in diesem Kulturraum zu manipulieren. Dabei ist es offenbar von zentraler Bedeutung, die anstehende Aufgabe Mitteleuropas, nämlich nicht nur in geografischer, sondern auch in geistiger Hinsicht eine Mittlerstellung zwischen Ost und West, zwischen Spiritualität und Mate-

* Man muss Gentz jedoch zu Gute halten, dass er wohl etwa ab März 1831 einen Gesinnungswandel vollzog, denn plötzlich sprach er laut aus: *„So wie bisher geht es nicht mehr, man muss Schritte vorwärts tun, die Zeit verlangt ihre Rechte, sie muss anders behandelt werden . . ."* Metternich konnte diesem Gedanken damals offenbar noch nicht folgen, und so fanden sie erst später wieder zusammen. (Gentz, zitiert in Varnhagen van Enze, Denkwürdigkeiten des eigenen Lebens, Leipzig 1871, S. 356.)

rialismus* einzunehmen, nicht bis in das Bewusstsein der Menschen vordringen zu lassen.
Rudolf Steiner betonte, dass in geistig-kultureller Hinsicht die notwendige Vorarbeit für diese Aufgabe, das „Erwachen der Mitte" im Herzen Europas, schon vielfältig geleistet worden war, bevor sich Kaspar Hauser dort inkarnierte.[72] So zeigten bereits Goethe und Schiller geradezu exemplarisch zwei entgegengesetzte Möglichkeiten zur Bewältigung dieser Aufgabe auf: Goethe repräsentierte dabei den Impuls, *den (westlichen) Materialismus zu spiritualisieren*, und Schiller den Ansatz, *die (östlichen) Tendenzen zur Weltflucht durch irdische Rationalität zu korrigieren.*[73]
Blicken wir auf die Gegenwart, so bleibt festzustellen, dass es Mitteleuropa noch immer nicht gelungen ist, dieser Mittleraufgabe gerecht zu werden.** Dabei wären die Menschen dieses Kulturraums auf Grund ihrer Geistesgeschichte sowie ihrer technischen Gewandtheit am ehesten dazu prädestiniert, eine fruchtbare Synthese zwischen der Einseitigkeit der jeweiligen Tendenzen von Ost und West, zwischen Spiritualität und Materialismus zu verwirklichen. Dies würde auch die Notwendigkeit beinhalten, wieder einen Blick für das Wesentliche zu bekommen und zu erkennen, worum es eigentlich geht, dass beispielsweise das Geldsystem, das wir uns erdacht haben — und das mit Sicherheit noch verbesserungswürdig ist*** —, sowie

* Siehe auch S. 37.

** Es gibt diesbezüglich allerdings auch positive Ausnahmen. So tragen beispielsweise anthroposophische Kliniken in ihrem ganzheitlichen Ansatz sowohl den geistigen als auch den materiellen Anteilen unseres Daseins Rechnung.

*** Ein Geldsystem, das auf Zins und Zinseszins basiert, muss ja zwangsläufig zu einer immer stärkeren Polarisierung zwischen Arm und Reich führen (wie die Geschichte vom elften Lederstück anschaulich erklärt). Warum können wir uns nicht freuen, wenn monotone Arbeit von Maschinen übernommen wird? War das nicht, ethisch gesehen, unser erklärtes Ziel? Warum entsteht dadurch für uns nicht der Freiraum, Kapazität für Arbeit zu Verfügung zu haben, bei der das Menschliche unentbehrlich ist, zum Beispiel im sozialen Bereich? Vielleicht, weil wir Maschinen schwarz arbeiten lassen! Wäre Maschinenarbeit nicht genauso wie Menschenarbeit mit Sozialabgaben zu koppeln, so dass der Ersatz menschlicher Arbeit durch Maschinen nicht zwangsläufig in die soziale Katastrophe führt? Unsere Intelligenz, die wir lange darauf verwandt haben, Maschinen zu entwickeln, die uns von stupider Arbeit entbinden, muss nun auch auf die Lösung der Sozialen Frage angewandt werden, damit die ge-

die Technik uns eigentlich auf dem Weg zu mehr Freiheit und Selbstbestimmung dienen sollten, anstatt zum Selbstzweck zu werden und uns in Abhängigkeiten zu zwingen. Es ist interessant zu beobachten, was anstelle der Herausbildung jener Mitte zwischen Geist und Materie in unserem Kulturraum geschehen ist: Die Bevölkerung Mitteleuropas ist in ihrer Lebenswirklichkeit mehr oder weniger gespalten in Menschen, die sich ganz und gar einer materialistisch ausgerichteten Wissenschaft und Technik verschrieben haben, verbunden mit einer Wirtschaftsweise, bei der der Mensch dem Profit nachgeordnet ist, und in Menschen, die ihr Glück im Gegenpol suchen, weil sie eine spirituelle Sehnsucht in sich spüren, die dann nicht selten in einer weltflüchtigen Spiritualität oder Religion zum Ausdruck kommt. Häufig können wir dieser Spaltung sogar in ein und derselben Persönlichkeit begegnen: Beruflich wird der Konkurrent in die Knie gezwungen, was nichts anderes bedeutet, als einen Mitmenschen zu bekämpfen, gleichzeitig aber spürt man in sich eine Art Religiosität, besucht Gottesdienste, geht einer Meditationspraxis nach oder spendet an Hilfsorganisationen.
Noch immer geht es also sowohl beim Einzelnen als auch auf kultureller Ebene um eine konstruktive Synthese zwischen dem Geistigen und dem Materiellen, zwischen Gemeinschaft und Individuum, zwischen Ost und West, wobei Europa — allein schon durch seine geographische Lage — dazu prädestiniert ist, als Vermittler zwischen diesen Polen im Weltganzen zu wirken. Dazu sei auch angemerkt, dass die Spaltung Europas, also das Fehlen einer versöhnenden Kraft der Mitte, diesem Kontinent noch bis 1989 durch die Berliner Mauer wie auf den „Leib" geschrieben war.[74]
Ist nicht auch der 11. September 2001 und das, was daraus folgte, ein anschauliches Beispiel dafür, wie dringend wir einer ausgleichenden Kraft bedürfen, damit das Weltgeschehen sich nicht in einer unfruchtbaren Polarisierung verhärtet? So ist es für die meisten Menschen im Westen heute kaum noch nachvollziehbar, weshalb man wegen weltanschaulicher Differenzen Kriege führt; und einem Großteil der Menschen im Osten ist es

wonnenen Freiräume letztlich auch für alle fruchtbar werden können. Empfohlen sei hier auch das Film-Essay: Kulturimpuls Grundeinkommen von Daniel Häni und Enno Schmidt (kostenlos zum Herunterladen im Internet).

unbegreiflich, wie man aus rein wirtschaftlichen Interessen zu den Waffen greift (siehe Irakkrieg 2003).[75]

Um diese Problematik noch einmal zu veranschaulichen, möchte ich das so genannte Kernquadratschema anwenden, das auf den Autor und Unternehmensberater Daniel Ofman[76] zurückgeht.

Bereits Aristoteles sprach davon, dass das Gute sich dadurch auszeichne, dass es keiner Einseitigkeit verfallen ist. So ist beispielsweise Mut förderlich, Übermut und Feigheit hingegen verlieren sich in unfruchtbaren Extremen — beim einen zu viel, beim anderen zu wenig des Guten. Daniel Ofman entwickelte diesen Gedanken weiter und kam zu der Erkenntnis, dass ein Gutes (er nennt es Kernqualität) sich in sein Gegenteil verkehrt, wenn nicht ein anderes Gutes (eine andere Kernqualität) zum Gleichgewicht beiträgt. Für unsere Thematik ergibt sich daraus folgendes Schema:

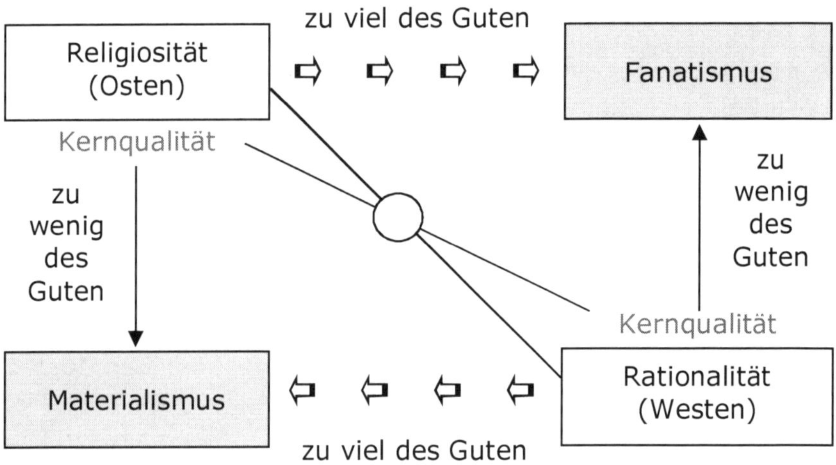

Links oben: die Religiosität als Kernqualität des Ostens, die bei einem Zuviel des Guten in Fanatismus abgleitet — *rechts oben* —. Diesem gegenüber, also *rechts unten,* befindet sich die Rationalität als Kernqualität des Westens. Sie ist der Ausgleich zum Fanatismus, der aus einem Mangel an Rationalität entsteht (zu wenig des Guten).

Wird die Kernqualität des Westens — die Rationalität — übersteigert (zu viel des Guten), kommen wir — *links unten* — zu der Einseitigkeit des Materialismus. Dieser entsteht wiederum aus einem Mangel an Religiosität, dem Fehlen einer Rückbindung* an ein übergeordnetes, sinnverleihendes Ganzes (zu wenig des Guten).
Anhand dieses Schemas wird also deutlich, dass sowohl für den Westen als auch für den Osten die Integration der Kernqualitäten des jeweils Anderen notwendig ist, um nicht in die Falle (den Schatten) der eigenen Kernqualität zu geraten. Die Aufgabe Europas könnte also — wie bereits angedeutet — darin bestehen, hier eine Mittlerfunktion im Weltganzen zu übernehmen. Statt dessen aber werden wir Zeugen von Angriffen, bei denen aus einer vermeintlichen Überlegenheitsposition der eigenen Kernqualität der Schatten des anderen bekämpft wird.
Die Mitte dieses Schemas macht hingegen deutlich, worum es eigentlich geht: die Kernqualität des Anderen anzuerkennen und sich von ihr befruchten zu lassen, um nicht dem eigenen Schatten anheim zu fallen.
Die Versöhnung zwischen West und Ost — und letztlich der Menschheit als Ganzes — beginnt demnach in uns selbst, wenn es uns gelingt, ein gesundes Gleichgewicht zwischen Materialismus und Spiritualität und zwischen Individuum und Gemeinschaft zu finden.

Goethe war diese Synthese bereits in seinem Werk gelungen, beispielsweise in seinen naturwissenschaftlichen Schriften, in denen er den westlichen Rationalismus innerhalb der Naturwissenschaft spiritualisierte.** Indem Goethe den Zusammenhang von Geist und Materie durchschaute, wurde ihm allerdings auch der Wiederverkörperungsgedanke zur Gewissheit. Er gelangte zu dieser Erkenntnis — wie andere europäische Geistesgrößen auch, zum Beispiel Herder, Lessing und Steiner — auf Grund genauer Beobachtung und konsequenten Denkens. Die hier angesprochenen herausragenden Persönlichkeiten waren sich anscheinend alle bewusst, dass sie ihre Begabungen und

* Der Begriff Religion lässt sich unter anderem zurückführen auf lat. religare = rückbinden.
** Vgl. auch S. 37.

Fähigkeiten, die sich auch in ihren Erbanlagen spiegelten, einer längeren Vergangenheit zu verdanken hatten als der kurzen Zeitspanne ihrer Kindheit und Jugend in diesem einen Erdenleben.[77]
Natürlich war Goethe weise genug, entsprechendes Wissen damals nur zurückhaltend kundzutun, auch wenn er es gelegentlich doch klar zum Ausdruck brachte, wie beispielsweise in den folgenden Zeilen:

„Des Menschen Seele
Gleicht dem Wasser:
Vom Himmel kommt es,
Zum Himmel steigt es,
Und wieder nieder
Zur Erde muß es,
Ewig wechselnd."[78]

Oder in einem anderen Gedicht, in dem er die innige Beziehung zu einer Frau schildert:
„Ach du warst in abgelebten Zeiten / Meine Schwester oder meine Frau."[79]

Das Wissen um die Wiederverkörperung* sowie die Kenntnis des Prinzips von Ursache und Wirkung, aus dem das hervorgeht, was allgemein *Karma* genannt wird, lässt uns die Tragweite unseres Tuns und Lassens auf Erden erkennen. Dies beinhaltet natürlich auch das Wissen um die große Verantwortung und Würde, die wir als Menschen dadurch erhalten haben, dass wir grundsätzlich über die Freiheit verfügen, selbstbestimmt neue Ursachen zu setzen. Hieraus ergibt sich allerdings auch ein neues Verständnis unserer selbst. Menschen, die sich somit mehr und mehr als Wirkende in einem größeren Seinszusammenhang erkennen, denen Entwicklung und Erweiterung ihres *bewussten Seins* und damit die Übernahme der vollen Verantwortung in allen Lebensbereichen für ihr Tun und Lassen zur Lebensaufgabe geworden ist, stellen jedoch für jene eine Bedrohung dar, deren Interesse es ist, die Menschen weiterhin „klein zu halten". Demnach gilt es für diese, um jeden Preis zu verhindern, dass das Persönlichkeitsbewusstsein durch ein

* Siehe Kapitel Ausblick.

wachsendes spirituelles Bewusstsein eine Erweiterung erfährt und die Allgemeinheit schließlich doch zu der Erkenntnis vordringt: dass der Einzelne tatsächlich aus sich selbst heraus fähig ist, eine unmittelbare Verbindung zum Geistigen herzustellen, zu der Welt der Ursachen, und dass er mit seinem Denken, Fühlen und Handeln in der Lage ist, selbst schicksalsbildend zu wirken!

In diesem Zusammenhang scheint mir nun, Kaspar Hauser betreffend, der Hinweis Rudolf Steiners sehr aufschlussreich zu sein, dass nämlich in der Persönlichkeit Kaspar Hausers auch das Wissen um Wiedergeburt und Karma zum Tragen gekommen sei und dass dies für die Gegner mit ausschlaggebend gewesen sei, ihn umbringen zu lassen.[80]
Die Erkenntnis, dass der Mensch auf Eigenverantwortung und Selbsterkenntnis hin angelegt ist, und das Wissen um Karma und Reinkarnation durfte demnach nicht in den politischen Gestaltungswillen einfließen und letztlich (wieder) zum Allgemeingut werden — jenes Wissen also, das offenbar in den frühen christlichen Gemeinden noch selbstverständlich war, wie neueste wissenschaftliche Forschungsergebnisse belegen. So war der Reinkarnationsgedanke fester Bestandteil des Manichäismus, jener zutiefst christlichen Religion, die auch Elemente anderer religiöser Strömungen aufnahm und in deren Zentrum Begriffe wie Freiheit und Liebe standen. Die Lehre Manis (216–277) geriet aber mit der Zeit in Vergessenheit, da sie insbesondere von jenen unerbittlich bekämpft wurde, die ihre „Glaubenshoheit" dadurch gefährdet sahen. Dabei wird der Manichäismus in der heutigen Forschung sogar als zweite Hauptströmung des Christentums bezeichnet.* [81]

Doch kommen wir zurück zu Kaspar Hauser. Ihm wird es letztlich zum Verhängnis, dass nicht nur die okkulte Gegnerschaft

* Inzwischen ist wissenschaftlich belegt, dass es sich beim Manichäismus tatsächlich um eine Weltreligion handelte, deren Ausbreitung vom Atlantischen bis zum Pazifischen Ozean reichte. Der Bezug auf direkte Quellen erlaubt es uns heute, die jahrhundertealte falsche Interpretation des Manichäismus durch den Kirchenvater Augustinus zu widerlegen, auf die bisher immer wieder zurückgegriffen wurde. (Vgl. R. van Vliet, Der Manichäismus. Geschichte und Zukunft einer frühchristlichen Kirche, Stuttgart 2007, S. 9 ff.)

seinen Schicksalsauftrag von überpersönlicher Tragweite erkannt hatte, sondern dass neben jenen, die ihn persönlich erlebten, auch die Öffentlichkeit an ihm das Einmalige, Charismatische, welches sein Wesen durchstrahlte, wahrnahm und entsprechende Rückschlüsse gezogen wurden. Zudem verbreitete sich das „Gerücht", es handle sich bei Kaspar Hauser in Wirklichkeit um einen entführten badischen Prinzen, in dessen Wiege man statt seiner ein todkrankes Kind gelegt habe.[82] Die Lage spitzt sich also immer mehr zu, so dass für die Gegnerschaft bald kein Weg mehr daran vorbei führte, Kaspar Hauser endgültig zu beseitigen, wollte sie nicht Gefahr laufen, dass für diesen der ihm vom Schicksal zugedachte Platz doch noch laut eingefordert wurde.

Aufgrund der Zeit, die inzwischen verstrichen war, war für die okkulte Täterschaft nun auch Mord ein taugliches Mittel geworden. War doch Stéphanie (die Mutter Kaspar Hausers) bereits seit 1818 Witwe, und ohnedies bot sich für einen erneuten Inkarnationsversuch mit dem „ledigen" Regenten Ludwig I.* sowieso keine geeignete Konstellation mehr am Badischen Hofe, welche die notwendigen Voraussetzungen erfüllt hätte.

So sah die okkulte Täterschaft in einem Attentat auf Kaspar Hauser anscheinend ihre letzte Chance, den historischen Moment seines Wirkens im Herzen Europas doch noch lautlos — eben ohne ihn — verstreichen zu lassen.

Angesichts der Tragik dieses furchtbaren Attentats auf einen Menschen, der unschuldiger gar nicht hätte sein können, sollten wir jedoch nicht verkennen, wem der eigentliche Anschlag galt: der spirituellen Weiterentwicklung der Menschen Mitteleuropas!

Für Kaspar Hauser mag der Entschluss der Gegner, ihn umzubringen, spürbar gewesen sein, denn bereits Monate vor dem Attentat legte sich ein Schatten über seine Seele. Seine Stimmung wurde gedrückt, das Lernen fiel ihm sichtlich schwerer, und seine gesamte Entwicklung geriet ins Stocken. Ein Angst-

* Bei Ludwig I. handelte es sich um den letzten Onkel von Kaspar Hausers verstorbenem Vater Karl, der noch aus der ersten Ehe Karl Friedrichs stammte. Er war es, der bereits 1808 auf Veranlassung Napoleons wegen seines negativen Einflusses am Badischen Hofe auf Schloss Salem verbannt wurde (siehe auch S. 102f.).

gefühl bemächtigte sich seiner und es war ihm, *„als ob Hände nach ihm greifen würden"*. Wenige Tage vor dem Attentat verdichtete sich diese Angst bei ihm sogar zu der Gewissheit, es werde bald jemand kommen um ihn umzubringen.[83]
Aber auch hier scheint sich im Leben Kaspar Hausers noch einmal eine schützende Kraft den Gegnern in den Weg zu stellen: Der Mordanschlag schlägt fehl.

Bild IX

Verwundete Seele
Furcht, Verlassenheit
— Des eigenen Schicksals beraubt —

Historische Ebene

Nach dem Mordanschlag bleibt eine deutlich sichtbare Narbe auf der Stirn Kaspar Hausers zurück, doch die seelische Verletzung und die Angst, man werde wiederkommen, um ihn doch noch umzubringen, wiegen weit schwerer.
Die außerordentliche Gefährdung Kaspar Hausers wird nun auch vom Magistrat der Stadt Nürnberg als solche erkannt, so dass Kaspar, zu seinem persönlichen Schutz, zwei Polizeisoldaten erhält, die ihn fortan ständig begleiten.
Auf Grund des sich rapide verschlechternden Gesundheitszustands von Daumer sieht sich der Magistrat außerdem veranlasst, einen amtlichen Vormund für Kaspar Hauser zu bestellen. Die Wahl fällt auf den hier bereits erwähnten Nürnberger Juristen und späteren Oberappellationsgerichtsrat Gottlieb Freiherr von Tucher, der seit dem Auftauchen Kaspars ebenfalls großen Anteil an dessen Schicksal genommen hatte. Tucher war, wie Daumer, ein Schüler Hegels und wurde durch die Heirat von dessen Schwester sogar sein Schwager.
Auch wenn Tucher den ständigen Begleitschutz Kaspar Hausers für notwendig erachtete, so schreibt er doch an Feuerbach: *„[...] Kaspar geht dabei zu Grunde".*[84]

Schließlich führt kein Weg mehr daran vorbei, dass Kaspar Hauser schweren Herzens sein ihm so lieb gewordenes erstes wirkliches Zuhause verlassen muss: Georg Friedrich Daumer sowie dessen Mutter und Schwester. Er wird nun ab 30. Januar 1830 in der Familie des Kaufmanns und Magistraten Johann Christian Biberbach untergebracht, allerdings ist das neue Umfeld, wie sich bald herausstellt, alles andere als förderlich für ihn. Denn auch wenn Kaspar in seinem Aussehen bereits einem jungen Mann gleicht, so bedarf er doch der Fürsorge eines Kindes, schließlich war er ja noch keine drei Jahre „auf der Welt" unter Menschen. Bei seiner neuen Unterbringung mangelt es aber nicht nur an einem entsprechenden Bewusstsein für diese außergewöhnliche Situation, sondern es fehlt auch an menschlicher Wärme. So kann Kaspar keine Bezugsperson mehr finden, die es darüber hinaus wie Daumer versteht, seinem Weltinteresse geistreich zu begegnen. Statt dessen ist er den Launen und der Feindseligkeit von Frau Biberbach ausgesetzt, einer *„gänzlich ungebildeten"* neurotischen Person, die von ihm erwartet, *„[...] dass er ihr in ihrer quälenden Langeweile zum Zeitvertreib und zur Spielpuppe dienen [...] soll, um sie und ihre Gesellschaft zu erheitern".*[85] Als sich Kaspar Hauser ihren Wünschen widersetzt, gerät er mehr und mehr in Bedrängnis. So versucht er immer wieder, auch Zuflucht bei seinem früheren Pflegevater Daumer zu nehmen, und zieht sich letztlich in sich selbst zurück.

Was das politische Geschehen betrifft, so stirbt am 30. März 1830 Großherzog Ludwig I. Thronfolger am Badischen Hof wäre damit der 1812 geborene Erbprinz (Kaspar Hauser) gewesen. Ludwig I. kam 1818 an die Macht, als sein Neffe Karl (der Vater Kaspar Hausers) im Alter von nur zweiunddreißig Jahren „ohne überlebende männliche Nachkommen" starb.
Offiziell versiegt somit die männliche Linie des alten Zähringer Geschlechts, und die Thronfolge geht an die zweite Linie im Hause Baden über: Markgraf Leopold besteigt als erster Hochberger den badischen Thron.

Okkulte Ebene

Die traumatische Erfahrung des auf ihn verübten Mordanschlags sowie der Ortswechsel zu Biberbachs erschüttern Kaspar Hauser zutiefst. *„Ich wollte, ich wäre nie aus meinem Käfig gekommen; wer mich hineingetan, hätte mich auch drinlassen sollen; dann hätte ich von all dem* (gemeint ist das Schöne auf der Welt) *nichts gewusst und hätte nichts vermisst und hätte keinen Jammer darüber gehabt, dass ich kein Kind gewesen und so spät auf die Welt gekommen bin."*[86]
Kaspar Hauser, der sein Leben inzwischen lieb gewonnen hat, ist verzweifelt, dass man es ihm nun schon wieder entreißen

will. Dabei lässt ihn das Gefühl drohenden Unheils, die Furcht vor einem weiteren Attentat nicht mehr los. Hilfe suchend wendet er sich deshalb auch an Feuerbach, als dieser ihn wenige Tage nach dem missglückten Mordanschlag besuchen kommt. Kaspar klagt ihm sein Leid und bittet ihn inständig: *„[...] Ach, Herr Präsident, sorgen Sie doch, dass man mich nicht umbringt. Er bringt mich gewiss noch um. Hätte er mich doch umgebracht, ehe ich noch wusste, was Leben ist! Das ist das Entsetzliche. Er hätte mich umbringen können, als ich noch gar nichts fühlte. Nun missgönnt er mir das kurze Leben, das ich in Nürnberg bekommen habe. Das Leben ist mir so lieb geworden. Es sind so viele gute Menschen hier. Sonst habe ich nicht gewusst, was Leben ist, warum hat er mich da nicht umgebracht?"*[87]
Kaspar Hauser ist erschüttert, hat er doch an den Händen und der Stimme des Attentäters jenen Mann wiedererkannt, von dem er ein Jahr zuvor aus dem Kerker geholt und „in die Welt" nach Nürnberg gebracht wurde. Verzweifelt versucht er zu verstehen, warum man gerade ihm so viel antat, wo er doch selbst nie jemanden etwas zu Leide getan hatte. Dabei bittet er immer wieder um Straffreiheit für seinen unbekannten Wärter, damit dieser nicht in ständiger Angst leben müsse. Auch schon in seinen Delirien, die auf den Anschlag folgten, tauchte von Kaspar die eindringliche Bitte auf: *„Mann [...] nicht umbringen! Ich alle Menschen lieb, nicht umbringen!"*[88]

Über zehn Jahre lang waren Kaspar Hauser und sein Wärter (letzterer vermutlich nicht aus freiem Entschluss) auf seltsam unpersönliche Weise miteinander verbunden gewesen, und dennoch musste jeder für den anderen anhaltende Gefühle entwickelt haben. Bei dem Gefangenen allerdings konnten diese erst nach dem „Erwachen aus dem Nichts" am Ende all dieser Jahre aufkommen. Auf Seiten des Wärters mögen die Gefühle zwischen ständiger Angst vor auftauchenden Schwierigkeiten, Mitleid, Schuldgefühlen und Selbstrechtfertigungsversuchen geschwankt haben.[89] Auch ist es denkbar, dass der Wärter Kaspar Hauser aus Mitleid und auf eigene Faust frei ließ, in der Hoffnung, er würde sich in der Welt verlieren. Als dies jedoch nicht eintrat, mag er zu dessen Tötung gezwungen worden sein. Kaspar jedenfalls wehrte sich von Anfang an dagegen, *„den Mann, bei dem er immer gewesen"*, von anderen als böse bezeichnen zu lassen. Aus seinen eigenen Beschreibungen geht hervor, dass dieser Mann während seines qualvollen Weges in die Freiheit alles ihm nur Mögliche getan hatte, um ihm Erleichterung zu verschaffen. So empfindet Kaspar gegenüber seinem Attentäter neben Gefühlen der Angst, Verzweiflung und Trauer auch Gefühle des Vertrauens, Verstehen- und Verzeihenwollens bis hin zu Mitleid.[90] Seine Wesensart, seine Liebe und seine so oft beschriebene Güte leuchten auch hier wieder auf — er war „Herzensmensch".

Während Kaspar Hauser in seinem achtzehnten Lebensjahr diesen tiefen Einschnitt in sein Leben erfährt, bahnt sich am Badischen Hof ein Machtwechsel an. Sein Vater, Großherzog Karl, war ja bereits 1818 gestorben und schon damals wäre Kaspar Hauser mit dem Titel *„Seine königliche Hoheit Großherzog von Baden"* anzusprechen gewesen. Der frühe Tod seines Vaters im Alter von zweiunddreißig Jahren sowie dessen in den letzten Lebensjahren zunehmend depressive Stimmung und fehlende Entschlusskraft, die Regierungsgeschäfte voranzubringen, wurden immer wieder auch auf den tragischen Verlust seiner beiden Söhne zurückgeführt. Diesen Verlust und damit das Ausbleiben eines Thronfolgers hatte Karl nie wirklich verwunden, zumal er bei keinem seiner männlichen Nachkommen von einer natürlichen Todesursache überzeugt war. Darüber hinaus war er sich angesichts seines plötzlich einsetzenden Siechtums sicher, dass auch er selbst vergiftet worden sei, und zwar als er am Wiener Kongress teilgenommen hatte, wie er mehrfach verzweifelt kundtat.[91] Und in der Tat spricht einiges dafür: zum Beispiel, dass Karls damaliger Kammerdiener völlig überraschend Selbstmord beging, offenbar ohne einen erkennbaren äußeren Auslöser oder eine entsprechende seelische Disposition. Hatte man ihn als Kammerdiener vielleicht dazu benutzt, Karl das Gift zuzuführen, und als die Folgen unumkehrbar sichtbar wurden, vermochte er die Schuldgefühle nicht mehr zu ertragen? Außerdem scheint sich der Vergiftungsverdacht dadurch zu erhärten, dass das plötzliche unerklärliche Dahinsiechen des Großherzogs, trotz seines jungen Alters und der Behandlung durch beste Ärzte, nicht aufzuhalten war. Darüber hinaus hatte man es bereits in seiner Jugend auf ihn abgesehen gehabt und alles daran gesetzt ihn, den Erbprinzen — dessen Vater tödlich verunglückt war — über den Einfluss sei-

nes Onkel Ludwigs von der rechten Bahn abzubringen. So versuchte man beispielsweise, den Heranwachsenden dadurch zu verführen, dass man ihn an den Ausschweifungen seines Onkels mit Kleinbürgermädchen und Dirnen sowie an Gelagen mit Stallknechten und Lakaien teilnehmen ließ. Doch diese Anstrengungen, Karls Persönlichkeit zu Fall zu bringen und seinen Ruf dauerhaft zu ruinieren, schlugen fehl, weil kein geringerer als Napoleon seine Adoptivtochter Stéphanie mit ihm vermählte. Allerdings sah sich Napoleon auch bald genötigt, die Verbannung Ludwigs vom Badischen Hof zu fordern, als ihm zu Ohren kam, dass unter dessen Einfluss Karls Ausschweifungen, die er offenbar noch nicht hinter sich gelassen hatte, die junge Ehe gefährdeten. Und so musste sich Ludwig bereits 1808 das erste Mal zwangsweise auf Schloss Salem begeben.[92] Als dann Karl 1818 „ohne" männliche Nachkommen starb folgte ihm Ludwig auf den Thron.
Die kaiserliche und königliche Hoheit Stéphanie Napoleon, Großherzogin von Baden, wurde also bereits mit neunundzwanzig Jahren Witwe. Und sie wurde eine Witwe von höchstem Ansehen. Aber obwohl sie von vielen geschätzt wurde, hatte sie, „ohne männliche Nachkommen" am Badischen Hof keinen leichten Stand, zumal die Anfeindungen aus der Hochbergschen Linie nicht ausblieben. Darüber hinaus hatte sich ihre Schwiegermutter nie mit der von Napoleon erzwungenen Partie für ihren einzigen Sohn Karl abfinden können. So war es ein Segen, dass Stéphanie unter dem besonderen Schutz Zar Alexanders von Russland stand, dem Schwager ihres verstorbenen Gatten.

Anhand der Charakterisierung der Großherzogin durch Rahel Varnhagen* vermögen wir noch etwas mehr über die Mutter Kaspar Hausers zu erfahren. So schrieb diese: *„Der einzige metaphysische Kopf, den ich je unter Weibern kennen lernte, ist die Großherzogin Stéphanie von Baden. Unter allen Umständen zum Denken aufgelegt und fähig."* Karl Varnhagen von Ense, der Vertreter Preußens in Karlsruhe, spricht mehr noch von ihrer Fähigkeit, die weltlichen Verhältnisse mit Scharfsinn

* Rahel Varnhagen (1771–1833), die von vielen bedeutenden Männern ihrer Zeit geliebt und bewundert wurde, war lange mit ihrem Berliner Salon geistiger Mittelpunkt eines großen Kreises von Philosophen, Literaten und Künstlern.

und heiterer Klarheit zu erfassen, und erwähnt ebenfalls die *„Tiefe ihres Denkens"* und die *„Reinheit ihrer Seele".*[93] So mag es auch nicht verwundern, dass Stéphanie einen esoterischen Zirkel pflegte. Darüber hinaus schuf sie in ihrem eigenen Salon einen neutralen Boden, *„auf dem sich zusammenfand, was durch Verdienst glänzte, an Bildung hervorragte".* Sie versammelte dort aus allen Herren Ländern europäische Fürsten, Staatsmänner jeder politischen Partei, Kriegshelden und Prälaten, Gelehrte, geistreiche Frauen, Künstler, Schriftsteller und Industrielle ihrer Zeit.[94] Dabei sah sie ihre Aufgabe mehr und mehr darin, am großen Friedenswerk mitzuwirken: *„Ein Bündnis zwischen Frankreich, England und Preußen, wenn man das zustande bringen könnte!"* So warb die Französin, in deren Herz die Vereinigung zwischen Frankreich und Deutschland längst stattgefunden hatte und deren jüngste Tochter in Großbritannien verheiratet war — unbeeindruckt von den Muskelspielen der europäischen Mächte — bei Napoleon III., Königin Victoria sowie König Friedrich Wilhelm IV. für die große Sache des Friedens.[95] Fast scheint es, als könnten wir hierin einen Abglanz der Aufgabe wiederfinden, um die es bei ihrem Sohn Kaspar Hauser vielleicht auch gegangen wäre.

Mit dem Tod von Großherzog Ludwig I., der ihrem Gatten auf den Thron gefolgt war, stirbt dann offiziell die direkte Linie des alten Zähringer Geschlechts 1830 aus. Infolgedessen besteigt Leopold, der Sohn von Gräfin Hochberg, den badischen Thron, jenen Thron, der eigentlich Kaspar Hauser als dem 1812 geborenen Kronprinzen Badens zugestanden wäre!
Doch die Geschichte lastet schwer auf Leopold von Hochberg und seinen Nachkommen. Innerlich hatte er sich wohl sein Leben lang viel mit Kaspar Hauser befasst, und es ist überliefert, dass er, als er 1852 starb, sich das Bildnis Kaspar Hausers, welches er fest umklammert hielt, nicht mehr aus den Händen nehmen ließ. Sein Sohn, Großherzog Ludwig II., der ihm auf den Thron folgte, musste schon bald die Regierungsgeschäfte an seinen Bruder Friedrich abtreten, denn er wurde geisteskrank und rief aus, *„... man solle die Geschichte von Kaspar Hauser ihm aus dem Kopf nehmen, dann werde er gesund".* *[96]

* Aus der systemischen Aufstellungsarbeit ist das Phänomen bekannt, dass alles Unrecht, alles Verdrängte oder Ungelöste von den Nachkommen

Bezüglich des Verbrechens auf dynastischer Ebene ist also die Rechnung der Täter aufgegangen: Am Badischen Hof findet sich in der alten Zähringer Linie kein männlicher Nachkomme mehr, und die Hochberger gelangen an die Macht.
Somit wurde Kaspar Hauser der Erfüllung seines Schicksalsauftrags beraubt — und Europa „allein gelassen".

bewusst oder unbewusst gesühnt wird, wobei aufrichtiges Mitgefühl und ein Bewusstwerdungsprozess sowie die Bereitschaft zur Übernahme entsprechender Eigenverantwortung einen Heilungsprozess bewirken können.

Bild X

Neue Lebenskraft, Reifung, Fortschritt
Verführung und Erniedrigung
durch die Gegnerschaft

Historische Ebene

Die Unterbringung Kaspar Hausers bei den Biberbachs erweist sich nach wie vor als problematisch, so dass sich Freiherr Gottlieb von Tucher als amtlicher Vormund schließlich dazu veranlasst sieht, dem Magistrat der Stadt Nürnberg mitzuteilen, dass es nicht länger tragbar sei, Kaspar Hauser weiter dort zu lassen. Gleichzeitig bietet er an, ihn zumindest für sechs bis sieben Wochen bei sich selbst aufzunehmen. Bürgermeister Binder betrachtet das Eingreifen Tuchers — wie aus einem Brief vom 15. Juli 1830 hervorgeht — als Kaspar Hausers Rettung, *„denn er ist in großer Gefahr, körperlich, geistig und am Ende wohl auch moralisch verkrüppelt zu werden".*[97] — Aus den sechs bis sieben Wochen bei Tucher werden eineinhalb Jahre.

Am 15. Juli 1830 darf Kaspar Hauser also endlich die Familie Biberbach verlassen und bei seinem Vormund Gottlieb Freiherr von Tucher einziehen, was sich äußerst positiv auf seine Entwicklung auswirkt. Doch dieser glückliche Umstand wird bald durch eine niederschmetternde Veröffentlichung mit dem Titel *„Kaspar Hauser, nicht unwahrscheinlich ein Betrüger"* überschattet. Das Buch stammt aus der Feder des Berliner Polizeirats Johann Friedrich Merker, der dem „Findling" überhaupt nie persönlich begegnet ist, und markiert den Anfang der bis heute nicht abreißenden Kampagnen gegen Kaspar Hauser. Allerdings tritt der Bayer Rudolf Giehrl dieser Verleumdung sofort mit einem eigenen kleinen Büchlein *„Kaspar Hauser, der ehrliche Findling"* entgegen. Im April 1831 erscheint zudem die bedeutende Schrift des Kriminalisten und Gerichtspräsidenten Anselm Ritter von Feuerbach: *„Einige wichtige Aktenstücke den unglücklichen Findling Kaspar Hauser betreffend".*

Und nun taucht auch Lord Stanhope wieder in Nürnberg auf. Diesmal allerdings bekundet der „reiche" Engländer, im Gegensatz zu seinem Besuch eineinhalb Jahren zuvor, ein reges Interesse an Kaspar Hauser — *aus reiner Menschenliebe,* wie er glauben machen kann. Und tatsächlich gelingt dem Lord im Handumdrehen der Einstieg in den engsten Personenkreis, der sich vor Ort des „Findlings" angenommen hat. So dauert es nach seiner Ankunft keine achtundvierzig Stunden, da hat sein Bankier Merkel bereits ein unverfängliches Zusammentreffen mit ihm und dem Jungen beim Mittagstisch im Haus des Bürgermeisters arrangiert. Hierbei wurden mögliche Einwände seines Vormunds Tuchers geschickt umgangen, der darauf bedacht war, „störenden Besuch" von seinem Schützling fernzuhalten. Darüber hinaus gelingt es Lord Stanhope, sich Einsicht in Kaspars Untersuchungsakten zu verschaffen, was ihm eine genaue Einschätzung des Kenntnisstands der Behörden erlaubte.
Überraschenderweise erfolgt dann am 13. September 1831 die amtliche Einstellung aller gerichtlichen Untersuchungen in der Angelegenheit Kaspar Hauser, was bei Feuerbach auf großes Unverständnis stößt.

Nach der ersten Begegnung Lord Stanhopes mit Kaspar Hauser, die ja durch Bürgermeister Binder gegenüber Tucher legitimiert war, widmet der Lord dem Findling ausgesprochen viel Zeit und setzt alles daran, dessen Zuneigung zu gewinnen, aber zugleich die Liebe Kaspars zu seinem Vormund Tucher sowie zu Binder und Daumer zu untergraben. Er verwöhnt ihn, überhäuft ihn mit Geschenken, gibt sich als väterlicher Freund, tauscht mit ihm „Zärtlichkeiten" aus und macht ihm große Versprechungen.
Nachdem unter Gottlieb Freiherr von Tuchers Obhut die Entwicklung Kaspar Hausers wieder so heilsam in Fluss gekommen war, muss dieser nun mit ansehen, wie sich der Einfluss des reichen Engländers geradezu verheerend auf seinen Pflegesohn auswirkt. So sieht er sich schließlich genötigt, Lord Stanhope vor die Wahl zu stellen, entweder seine negative Einflussnahme auf den Charakter Kaspar Hausers einzustellen oder selbst die volle Verantwortung für dessen weitere Entwicklung zu übernehmen. Tucher konnte nicht ahnen, dass er damit den eigentlichen Absichten Lord Stanhopes entgegen

kam, denn prompt bewirbt sich dieser am 21. November 1831 beim Stadtgericht zu Nürnberg um die Pflegschaft Kaspar Hausers. Am 24. November legt hierauf Gottlieb Freiherr von Tucher beim Magistrat Beschwerde ein und verweist auf den negativen Einfluss, den Lord Stanhope auf seinen Pflegesohn habe. Er widerspricht dabei vehement der Antragsbegründung von Lord Stanhope, in der dieser den derzeitigen Unterricht und die Erziehung Kaspar Hausers als wenig angemessen darstellt und behauptet, das Verhältnis zwischen Kaspar und seinem Pflegevater Tucher müsse schleunigst aufgelöst werden, da höchst nachteilige Folgen für des Jungen Gemüt nicht mehr auszuschließen seien.
Trotz Tuchers Einspruch wird dessen Vormundschaft für Kaspar Hauser durch Beschluss des Magistrats der Stadt Nürnberg aufgehoben und Lord Stanhope am 26. November 1831 das Sorgerecht für Kaspar Hauser übertragen. Hierbei dürfte auch eine Rolle gespielt haben, dass der scheinbar äußerst wohlhabende Lord der Stadt Nürnberg das Angebot unterbreitet hatte, auch über seinen Tod hinaus noch für den Findling vorzusorgen, wenn dieser ihm *ganz übergeben werde.* Dass hierbei nicht das Wohl des Zöglings im Vordergrund stand, wird aus Lord Stanhopes weiterem Verhalten ersichtlich. Denn kaum hatte man ihm die Vormundschaft übertragen, zog er sich so schnell wie möglich aus der Beziehung zu Kaspar Hauser wieder zurück. Offensichtlich war es ihm nur darum gegangen, freie Hand zu haben, um ihn aus seinem Nürnberger Umfeld zu entfernen. Tatsächlich muss Kaspar die Stadt und die ihm vertrauten Menschen sofort verlassen und wird von seinem neuen, so verehrten Pflegevater einem ihm gänzlich fremden Menschen, dem Lehrer Johann Meyer, in Ansbach übergeben. Der allerdings hält den Jungen bereits von vornherein mit seiner ganzen Vorgeschichte für einen Lügner. Das ein Jahr zuvor erschienene Buch *„Kaspar Hauser, nicht unwahrscheinlich ein Betrüger"* mag ihm dabei Pate gestanden haben.
So war es Kaspar Hauser nicht einmal eineinhalb Jahre vergönnt, ungestört in den geordneten Verhältnissen bei Familie Tucher zu leben. Am 19. Januar 1832 (weniger als acht Wochen nach Übertragung des Sorgerechts) reist Lord Stanhope dann auch noch ohne ihn aus Ansbach ab, wobei er Kaspar Hauser mit dem Versprechen bei Meyer zurücklässt, ihn so bald wie möglich zu sich auf sein Schloss nach England zu holen.

Nur schweren Herzens nimmt Kaspar Hauser Abschied. Und wie sich herausstellen sollte, wartet er vergebens auf die Rückkehr seines neuen Pflegevaters, der sich nie wieder bei ihm blicken lässt.

Okkulte Ebene

Schauen wir auf die bisherige Entwicklung Kaspar Hausers zurück, so ist zu erkennen, dass er trotz aller erlittenen Hemmnisse und Schicksalsschläge in seinem Inneren noch ungebrochen war, als er im Juli 1830 von Familie Tucher aufgenommen wurde.
In der Person Freiherr von Tuchers findet Kaspar einen Menschen, der ihn versteht, weil er erkennt, dass aus dem jungen Mann im Grunde noch ein Kind spricht, das — gerade weil es kaum zu bremsen ist — einer entsprechenden Begleitung bedarf, die es ihm erlaubt, sich auch auf „gesunde" Weise in die Welt einzuleben. So schreibt er: *„Seine Begierde zu lernen und sich zu entwickeln ist ungemessen und wird von der grenzenlosesten Beharrlichkeit, die selbst an Eigensinn grenzt, begleitet, so dass ich hierbei nur zur Sorge genötigt bin, allzugroße Anstrengungen von ihm entfernt zu halten [...] Seine große Gutmütigkeit, sein natürliches, unbefangenes Gemüt und vor allem ein hohes moralisches Gefühl [...] erhält ihm fortwährend die Liebe aller, die mit ihm zu tun haben."*[98]

Die Rückstände seiner Entwicklung und Bildung kann Kaspar Hauser in atemberaubender Geschwindigkeit und in erstaunlichem Maße aufholen. Deshalb war es für die okkulte Gegnerschaft auch nicht mehr auszuschließen, dass es Kaspar womöglich doch noch gelingen könnte, zumindest Einzelaspekte seines Schicksalsauftrags zu ergreifen und eine öffentliche Wirksamkeit zu entfalten. Die im Hause Tucher so positiv verlaufende Entwicklung durfte sich also unter keinen Umständen weiter fortsetzen, was offenbar zu dem erneuten Auftauchen Lord Stanhopes in Nürnberg Anlass gab. Dabei hatte die strenge polizeiliche Überwachung des Jungen seit dem Mordanschlag die Gegner offensichtlich zu einer neuen Strategie bewogen: Befand sich der Lord 1829 noch ganz im Hintergrund des Geschehens, so geht er jetzt, 1831, als er abermals in Nürnberg auftaucht, direkt auf Kaspar Hauser zu, um dessen Schicksal eine verhängnisvolle Wendung zu geben.

Lord Stanhopes destruktive Absicht zeigt sich insbesondere in der Art und Weise, wie er durch ein gezielt antipädagogisches Verhalten die Diskrepanz zwischen Kaspars kindlichem Gemüt und seinem Lebensalter auszunutzen versteht. Nicht nur dass er ihn mit unangemessenen Geschenken überhäuft, sondern er weiß den Jungen auch innerlich an sich zu binden und ihn mehr und mehr sich selbst und seinem Umfeld zu entfremden. Kaspars rasant aufholender Entwicklung sollte offensichtlich durch den Wegfall seiner wichtigsten Bezugspersonen die Grundlage entzogen werden. So spricht Lord Stanhope beispielsweise zu Kaspar Hauser von seinem großen Wunsch, ihn in das Schloss seiner Väter mitzunehmen, und malt dem Jungen eine fantastische Zukunft aus. Dabei ist unter anderem auch die Rede von den vielen Untertanen als *„gottgeschenkten Nebenmenschen",* über die Kaspar künftig einmal herrschen werde. Auf diese Weise gelingt es Lord Stanhope, den Jungen derart zu beeinflussen, dass ihm die Nürnberger Verhältnisse auf einmal armselig vorkommen. Darüber hinaus tauscht er mit Kaspar, „dem Kind in einem Jünglingskörper", Zärtlichkeiten aus, so dass dieser unbedingt mit ihm nach England gehen will.
Doch dieser Traum findet für Kaspar bald ein Ende, denn mit der Aneignung der Pflegschaft liefert ihn Lord Stanhope auf direktem Weg an Johann Meyer in Ansbach aus, den er fortan gut entlohnt. Dabei dürfte Stanhope bewusst gewesen sein, dass dieser engstirnige Zuchtmeister — für den der Heranwachsende nur ein großer Betrüger war, den er verhöhnte und verachtete — bestens geeignet war, Kaspar, mit seiner noch kindlichen inneren Verfassung, seelisch zu ruinieren. Doch nicht nur das: Kaspar Hauser wird auch von Lord Stanhope selbst bitter enttäuscht, von dem Menschen also, dem er alles geglaubt und für den er all die anderen, ihm wohl gesonnenen Menschen aufgegeben hat. Als der Lord nicht mehr zurückkehrt und dessen Nachrichten immer spärlicher werden, kommt Kaspar zu der bitteren Schlussfolgerung (zu der Meyer auch das Seinige beigetragen haben dürfte), dass auch Lord Stanhope, sein bester Freund, ihn inzwischen ebenfalls nur noch für einen Betrüger halte, den aufzusuchen er nicht mehr für wert

erachte — und er musste, wie er selbst äußerte, *„alle Nächte darüber weinen".*
Anstelle der im Hause Tuchers so vielversprechenden Entfaltung seiner Persönlichkeit zieht sich Kaspar nun immer weiter in sich selbst zurück. Er fühlt sich allein gelassen und darüber hinaus von einem Gefühl drohenden Unheils bedrängt, in Vorahnung eines weiteren Attentats, worüber er auch mit mehreren Bekannten spricht. Dabei äußert er auch den Wunsch, wieder in den Nürnberger Freundeskreis um Daumer zurückkehren zu wollen, sobald er frei und unabhängig sei.[99]

Nachdem Kaspar Hauser nahezu seine ganze Kindheit im Dunkel vor sich hin vegetiert hatte, gefolgt von dem schmerzvollen Sich-Einleben in die *Außen*welt, wäre für seine Entwicklung die begleitete Begegnung mit Dingen, die seine Seele hätten erfreuen und nähren können, dringend notwendig gewesen.
Statt dessen erleidet Kaspars Geist unter dem Einfluss Meyers, wie Feuerbach schreibt, *„in lateinische Schulschrauben eingezwängt, [...] gleichsam seine zweite Gefangenschaft".*[100]
Doch Feuerbach, der große Beschützer und Freund Kaspar Hausers, konnte nicht ahnen, dass diese Situation weit mehr als nur die Folge einer Aneinanderreihung unglücklicher Umstände war, sondern von einer okkulten Täterschaft durchaus gewollt und bewusst herbeigeführt.

Bild XI

Dezember 1833
Kaspar Hauser wird ermordet

Historische Ebene

Im Januar 1832 veröffentlicht Anselm Ritter von Feuerbach seine zweite Schrift zu dem Findling, deren Titel bereits bemerkenswert ist: *„Kaspar Hauser oder Beispiel eines Verbrechens am Seelenleben des Menschen".* Durch Erscheinen dieser kriminalistischen Studie gewinnt Kaspar Hauser in der Öffentlichkeit erneut an Bedeutung. Selbst wenn Feuerbach es darin noch nicht wagte, das Ergebnis seiner Recherchen — dass nämlich Kaspar Hauser tatsächlich der Badische Erbprinz sei — direkt auszusprechen, so wird Hauser nun doch, was die Herrschaft im Hause Baden betrifft, zu einer sehr ernstzunehmenden Erscheinung. Das Vorhandensein eines rechtmäßigen Thronerben ist demnach nicht mehr so einfach von der Hand zu weisen. Darüber hinaus trägt das fast zeitgleiche Erscheinen von Daumers *„Mitteilungen über Kaspar Hauser",* einer Zusammenfassung seiner seit 1829 erschienenen Artikel über seinen früheren Pflegesohn, zur weiteren Popularität Kaspar Hausers bei.

Feuerbach beabsichtigte mit seiner Schrift keinesfalls, einen Skandal zu provozieren, er war sich vielmehr bewusst, dass das Leben Kaspar Hauser durch seine Veröffentlichung mehr denn je gefährdet war und dringend Handlungsbedarf bestand, Kaspar schnellstmöglich von höchster Stelle aus unter Schutz zu stellen oder ihm seinen Rang als Badischer Thronfolger offiziell zuzugestehen. Dass Letzteres geschehen möge, darin lag seine große Hoffnung. So wandte sich Feuerbach, einen Monat nach Erscheinen seiner Studie, auch noch einmal direkt an Königin Karoline von Bayern, Prinzessin von Baden und Tante des 1812 geborenen und offiziell verstorbenen Erbprinzen, für die er eigens sein streng geheimes „Memoire" verfasste. In diesem legte er dann das Ergebnis seiner Recherche offen dar, warum

Kaspar Hauser niemand anderes sein könne als der Sohn ihres verstorbenen Bruders Karl und dessen Gemahlin Großherzogin Stéphanie. Feuerbach ließ also keinen Zweifel mehr daran bestehen, dass Kaspar Hauser der vorberechtigte Thronanwärter des Hauses Baden sei und nicht der zu diesem Zeitpunkt regierende Großherzog Leopold aus der Hochbergschen Linie.
Doch Feuerbachs Hoffnung, dass sich nun, durch die endlich gewonnene Gewissheit, die Königsfamilie aus eigenem Antrieb und aus moralischer Verpflichtung für Kaspar Hauser einsetzen würde, wurde bitter enttäuscht. Karoline bringt den Mut nicht auf, für ihren Neffen einzutreten. Nach außen hin unberührt, lässt sie den Fall Hauser weiter auf sich beruhen, auch wenn sie am 12. März 1832 an ihre Tochter Elise von Preußen schreibt: *„[...] Hauser gilt der Meinung vieler Menschen nach einstimmig als einer der Söhne meines armen Bruders. Obschon ich überzeugt bin, dass wenigstens der eine keines natürlichen Todes gestorben ist,* so habe ich unglücklicherweise [...] keinerlei Zweifel, dass das Verbrechen voll ausgeführt wurde."*[101]
Tatsächlich ging es darum, eine Staatskrise erster Ordnung zu vermeiden, von der nicht nur das Hochbergsche Haus und das Großherzogtum Baden betroffen gewesen wären; die Abgründigkeit des Verbrechens hätte vielmehr die gesamte monarchische Staatsform in Frage gestellt. Nicht umsonst hält sich auch der Bayernkönig Ludwig I. zurück**, obwohl er, ebenfalls nachweislich keinerlei Zweifel hegte, dass jenes Verbrechen am Badischen Hofe begangen worden ist. Auch er ist sich bewusst, was auf dem Spiel steht: *„In diesem Augenblick, wo die liberale Zersetzung die deutschen Throne gefährdet, den badischen Herrscher disqualifizieren, das hieße die Festigkeit aller deutschen Dynastien in Frage zu stellen."*[102]
Warum sich Feuerbach nicht an die Mutter des Erbprinzen, Großherzogin Stéphanie, wandte, ergibt sich aus deren inzwischen denkbar schwachen Stellung am Badischen Hof. Nach dem Tod ihres Gatten Karl wurde sie von den nun regierenden Hochbergern als französische Prinzessin und Adoptivtochter

* Gemeint ist hier anscheinend Kaspar Hausers nachgeborener Bruder Alexander, der, kaum dass er ein Jahr alt war, ebenfalls plötzlich verstarb.
** Ludwig I. war der von 1825 bis 1848 regierende Sohn Königin Karolines, also ein Cousin Kaspar Hausers.

Napoleons lediglich geduldet.* Sie besaß nicht mehr die notwendige Macht, die für ein Eingreifen in der Hauserschen Angelegenheit erforderlich gewesen wäre. Dabei hat sie Feuerbachs Studie *„Kaspar Hauser oder Beispiel eines Verbrechens am Seelenleben des Menschen"* sofort gelesen, und es gilt als gesichert, dass sie Kaspar Hauser für ihren am 29. September 1812 geborenen Sohn hielt.[103] So setzt Stéphanie auch alles daran, dass ihr Kaspar Hauser vorgestellt werde, natürlich ohne dass dies die Öffentlichkeit erfahren darf, um ihn nicht noch mehr zu gefährden. Lord Stanhope, der ihr die Erfüllung dieses Wunsches persönlich zugesagt hatte, versteht es jedoch, durch eine geschickte Hinhaltetechnik sein Versprechen nicht einzulösen. Als sie schließlich das Spiel durchschaut, stellt sie unter strenger Geheimhaltung eigene Nachforschungen an und reist im April 1832 mit ihren beiden Töchtern Josephine und Marie sowie in Begleitung der Ehrendame Fräulein von Reck nach Ansbach. Dort gelingt es ihr, Kaspar Hauser unbemerkt bei einem Spaziergang in Begleitung seiner Wache im Hofgarten zu sehen. Dieses Erlebnis erschütterte sie zutiefst, denn die frappierende Ähnlichkeit Kaspars mit ihrem verstorbenen Gatten, Großherzog Karl**, scheint in ihr jeglichen Zweifel beseitigt zu haben, dass die grauenvolle Geschichte wirklich stimmte und Kaspar Hauser demnach ihr Sohn war.[104] In dieser prekären Situation, wo man auf alle ein Auge hatte, die auch nur irgendwie ein Interesse daran haben konnten, für Kaspar Hauser einzutreten, war es Stéphanie jedoch nicht mehr möglich, eine persönliche Begegnung mit ihrem tot geglaubten Kind herbeizuführen — die Mörder kamen ihr zuvor. So erfuhr Kaspar

* Bereits 1819 hatte die junge Witwe Stéphanie ihre Hofhaltung wieder in das Mannheimer Schloss verlegt, wo sie ungezwungener leben konnte. Vielseitig interessiert wie sie war, legte sie dort eine umfangreiche Bibliothek an und versammelte interessante Menschen um sich. So war sie eine gern aufgesuchte Gastgeberin, veranstaltete Bälle und wurde zum Bindeglied zwischen Welten, die sich sonst eher ablehnend bis feindselig gegenüber standen. Eine enge Freundschaft verband sie unter anderem auch mit Fürst Metternich und dessen dritter Gattin Zichy.

** Die Ähnlichkeit Kaspar Hausers mit Großherzog Karl wurde von etlichen gewichtigen Zeitgenossen bestätigt. Vgl. Mayer/Tradowsky, Kaspar Hauser, Das Kind von Europa, Stuttgart 1984, S. 558. Vgl. auch J. Mayer, Philip Henry, Lord Stanhope. Der Gegenspieler Kaspar Hausers, Stuttgart 1988, S. 481 f. Hier findet sich auf S. 482–483 eine interessante Gegenüberstellung entsprechender Portraits.

Hauser auch nie, dass ihm seine Mutter damals zum Greifen nahe gewesen war. Er ahnte nicht, dass auch sie auf der Suche nach ihm, ihrem *Gaspard* war, den die Sehnsucht nach ihr letztlich in die Hände der Mörder trieb.*
Man hatte Großherzogin Stéphanie also übel mitgespielt, wie unter anderem auch aus der Äußerung gegenüber ihrer Gesellschafterin, Louise Baronin Belli di Pino, nach der Ermordung Kaspar Hausers hervorgeht: *„Louise, stellen Sie sich vor, man hat die Grausamkeit besessen, mir zu sagen, dass C. H. mein Sohn ist. Jetzt, wo er tot ist, wo er ermordet worden ist!"*[105]
Man hatte es also längst gewusst —.

Als Kaspar Hauser im Dezember 1831 nach Ansbach kam, war er bereits in Europa eine bekannte Persönlichkeit. Außerdem hatten die öffentliche Anteilnahme Feuerbachs sowie der vertraute Umgang des Lords dazu geführt, dass für ihn die Salons der höheren Gesellschaft offen standen. Er war ein gern gesehener Gast und nahm an vielen Gesellschaften teil. So war er unter anderem auch regelmäßig zum Mittagstisch beim obersten königlich-bayerischen Beamten des Regierungsbezirks, Exzellenz von Stichaner, geladen, und wurde von dessen Familie herzlich aufgenommen. Diese Erfahrungen standen allerdings in einem krassen Gegensatz zu der Behandlung, die er im Hause Mayers erfuhr, wo er nach wie vor drangsaliert wurde.

Im Oktober 1832 wird jedoch Kaspar Hausers Leben um eine weitere Begegnung bereichert, als er bei Pfarrer Heinrich Fuhrmann Einzelunterricht in Religion erhält.
Die authentische Glaubenskraft Pfarrer Heinrich Fuhrmanns, die Kaspar Hauser in dessen Unterricht erleben darf, ist für ihn ein Segen. Trägt sie doch dazu bei, dass Kaspar, trotz der Diskrepanz, die zwischen dem, was er an Liebe für die Menschen empfindet, und dem, was ihm angetan wurde — und durch Meyer noch immer angetan wird —, sich selbst treu bleiben kann.
Dabei dient der Religionsunterricht bei Pfarrer Heinrich Fuhrmann auch zur Vorbereitung Kaspar Hausers auf seine Konfirmation, welche dann am 20. Mai 1833 in aller Festlichkeit in der Schwanenritterkapelle zu Ansbach stattfindet. Wie sich den

* Siehe S. 120f.

Augenzeugenberichten entnehmen lässt, muss die große Anteilnahme der Bevölkerung, mit den vielen Menschen, die sich in und sogar um die Kirche versammelt hatten, überwältigend gewesen sein.

Doch schon neun Tage nach diesem großen Ereignis wird Kaspar Hauser erneut von einem schweren Schicksalsschlag getroffen: Völlig unerwartet stirbt am 29. Mai 1833 sein großer Beschützer und väterlicher Freund Anselm Ritter von Feuerbach.
Feuerbach befand sich gerade in Frankfurt, wo er mit Staatsrat von Klüber, der in alle badischen Angelegenheiten eingeweiht war, die Ergebnisse seiner Recherchen zu dem Findling bereden wollte. Doch dazu sollte es nicht mehr kommen, denn Feuerbach erkrankte völlig unerwartet, und zwei Tage später war er tot. Die Ursache seines plötzlichen Ablebens konnte nicht geklärt werden, obgleich Feuerbach noch von seinem Sterbebett aus seine eigene Obduktion anordnete und auf einen Zettel schrieb (denn er konnte bald nicht mehr sprechen): *„Man hat mir etwas gegeben."*[106]
Tatsächlich treffen wir auch hier wieder auf Lord Stanhope, der sich zur Zeit des Geschehens ebenfalls in Frankfurt aufhält.

Mit Feuerbach stirbt nicht nur einer der prominentesten Juristen seines Jahrhunderts und Schöpfer des Bayerischen Strafgesetzbuches von 1813, sondern zugleich einer der wichtigsten Zeitzeugen Kaspar Hausers.
Den wiederholten Versuchen, das Feuerbachsche „Memoire" von 1832, das er für Königin Karoline verfasst hatte — und das Kaspar Hauser als rechtmäßigen Thronberechtigten ausweist —, zu veröffentlichen, zunächst offiziell durch seinen Sohn Ludwig Feuerbach, dann unter Decknamen (1852, 1859, 1889 und 1892), begegnete man von badischer Seite rigoros, indem man gegen die jeweiligen Verleger prozessierte und diese zwang, besagte Broschüre aus dem Handel zu nehmen.[107]
Die Stimmen *für* Kaspar Hauser wurden aber nichts desto trotz immer lauter, und somit gerieten auch seine Gegner unter Zugzwang. Dabei fällt auf, dass Johann Meyer, der Ziehvater Kaspars, seit Anfang Dezember 1833 stark darauf hin wirkte, den Jungen doch endlich von seinem lästigen Begleitschutz zu „erlösen".[108]

Durch die Aufhebung des Begleitschutzes, die alsbald erfolgte, wurde es dann überhaupt möglich, dass Kaspar Hauser noch im Dezember 1833 auf seinem gewohnten Weg zum Appellationsgericht — wo er durch die Vermittlung von Feuerbach seit einem Jahr einer geregelten Schreibtätigkeit nachging — unbeobachtet von einem Fremden angesprochen werden konnte.
Zunächst weckte man Kaspars Interesse durch das Versprechen, dass bald jemand kommen werde, um ihm den Schleier des Geheimnisses um seine Herkunft zu lüften.[109] Der angekündigte Fremde begegnete ihm dann am 11. Dezember und versuchte, sich mit ihm im Hofgarten zu verabreden. Doch offenbar verspürte Kaspar Hauser bezüglich dieser Verabredung ein Unbehagen, so dass erst der zweite Versuch, drei Tage später, als ihn der Unbekannte erneut abpasste, dazu führte, dass er sich auf die streng geheim zu haltende Verabredung einließ.
Als Kaspar Hauser dann am 14. Dezember gegen 15 Uhr wie vereinbart den Hofgarten aufsucht, wird ihm von einem Unbekannten in der Nähe des Uz-Denkmals* ein verknoteter Beutel übergeben. Offenbar diente dieser aber nur zur Ablenkung, denn als Kaspar sich anschickte, den Beutel zu öffnen, rammt man ihm einen Dolch tief in die Brust.
Hauser stößt einen Schrei aus, bricht zusammen und lässt den Beutel fallen, richtet sich dann voll Panik wieder auf und läuft um sein Leben nach Hause. Als er dann gegen 15.30 Uhr schwer verletzt bei Meyer eintrifft, schenkt dieser seinen gestammelten Worten nicht den geringsten Glauben. Kaspar Hauser ist verzweifelt und will um jeden Preis zurück, den fallen gelassenen Beutel holen, ist er doch davon überzeugt, dass dessen Inhalt ihm endlich seine Herkunft enthüllen werde und er Mutter und Vater doch noch finden kann.
Auf dem Weg zurück an den Tatort bricht Kaspar jedoch endgültig zusammen und muss in Meyers Haus zurückgebracht werden.** Dieser bleibt aber nach wie vor ungerührt und behauptet nun, Kaspar Hauser habe sich die *„unbedeutende Wunde"* nur selbst beigebracht, um Aufsehen zu erregen.

* Johann Peter Uz war ein Ansbacher Dichter aus dem 18. Jahrhundert.
** Die enorme Strecke, die Kaspar Hauser selbst nach seiner schweren Verwundung noch zurückzulegen vermochte, zeugt von seiner erstaunlichen Willens- und zähen Lebenskraft, einer Konstitution, die ihm wohl auch ermöglicht hatte, die lange Einkerkerung zu überstehen.

Als schließlich doch ein Arzt, der Chirurg Dr. Heidenreich, hinzugezogen wird, diagnostiziert dieser die Verletzungen sofort als tödlich.*

Es bleibt festzustellen, dass das nach außen gezeigte Misstrauen Meyers nicht unerheblich dazu beigetragen hat, dass der Täter ungehindert entkommen konnte. Erst viel zu spät wurde die Polizei eingeschaltet, und so dauerte es Stunden, bis überhaupt ein Polizeisoldat beauftragt wurde, den Tatort im Hofgarten in Augenschein zu nehmen, wobei dieser dann tatsächlich auf besagten Beutel stieß. Wie enttäuscht muss Kaspar Hauser jedoch gewesen sein, als sich beim Öffnen des Beutels herausstellte, dass dieser in Wirklichkeit offenbar nur zu seiner Ablenkung dienen sollte. So war derselbe mehrfach verknotet und damit nicht nur schwer zu öffnen, sondern auch der in ihm befindliche Zettel war raffiniert zu einem Dreieck gefaltet und mit einem Text in Spiegelschrift versehen, in dessen sarkastisch-irreführenden Inhalt** überdies kein Sinn hineinzubekommen war.
Das Mordinstrument, ein so genannter „Banditendolch" mit fast sechsundzwanzig Zentimeter Länge, beidseitig scharf geschliffener Klinge und eingravierten Symbolen, wurde später ebenfalls noch aufgefunden.[110] Wobei die Sektionsergebnisse von Kaspar Hauser belegen: *„[...] dass der Dolchstich von geübter und fremder Hand durch einen einzigen kräftigen Stoß erfolgt sei und Hauser sich die Verwundung nicht selbst zugefügt haben könne".*[111]
Indes ließ Meyer nicht davon ab, Kaspar Hauser zu unterstellen, dass er sich die Wunde selbst beigebracht habe, und sagte zu dem tödlich Getroffenen, *„[...] diesmal habe er seinen dümmsten Streich gemacht und es könne jetzt gar leicht keinen so guten Ausgang wie das vorige Mal nehmen"*, worauf Kaspar Hauser seinen Blick mit den Worten: *„Gott wissen"* gen Himmel gerichtet haben soll.[112] Da war keine Anteilnahme, kein Mitgefühl für das Unfassbare, das mit ihm geschehen war, ganz im Gegenteil. In den letzten drei Tagen seines Lebens musste Kaspar Hauser nicht nur die Schmerzen seiner schwe-

* Siehe auch die Sektionsergebnisse, S. 135.
** Der Inhalt des Zettels ist nachzulesen in: Leonhardt, Prinz von Baden genannt Kaspar Hauser, Reinbek bei Hamburg 1987, S. 25 ff.

ren Verletzungen durch das Attentat erleiden, sondern auch die Kränkungen erdulden, die ihm von seiner feindseligen Umgebung beigebracht wurden.

Okkulte Ebene

Nach Feuerbachs Tod waren die Tage des Kindes von Europa gezählt. So war der Tod beziehungsweise die Ermordung Feuerbachs offensichtlich nur der erste Schritt, auf den der zweite, die Ermordung Kaspar Hausers, folgen sollte. Dabei scheinen die beide Morde wie ein Beleg dafür zu sein, dass es dem Gerichtspräsidenten Feuerbach tatsächlich gelungen war, die Identität des Findlings offen zu legen. Oder mit den Worten der Herzogin Alexandrine von Sachsen-Coburg-Gotha: *„[...] weshalb sonst den wehrlosen Findling ermorden, als er anfing, Mensch zu werden?"*[113]
Die eigentliche Tragik Feuerbachs ergab sich erst dadurch, dass keine einflussreiche Persönlichkeit bereit war, für die Erkenntnisse, denen er ans Licht verholfen hatte, öffentlich einzutreten. Die offizielle Anerkennung Kaspar Hausers als rechtmäßiger Badischer Thronberechtigter blieb aus und folglich entfiel auch der notwendige Schutz, dessen er bedurft hätte.
So war es *„die Trägheit der Herzen",*[114] die Kaspar Hauser sterben ließ.
Dabei gilt es zu bedenken, dass es sich bei Kaspar Hausers Ermordung nicht nur um ein Attentat handelt, das an einem einzelnen Menschen verübt wurde, sondern vielmehr um ein *okkultes* Verbrechen, das auch an all den Menschen begangen wurde, deren Schicksal mit der Erfüllung der Lebensaufgabe des 1812 geborenen Erbprinzen im Hause Baden verbunden war. Es muss also davon ausgegangen werden, dass sehr viele Lebensentwürfe durch die Ermordung Kaspar Hausers ihre fruchtbare Grundlage verloren haben und dass damit, entsprechend der Absicht der Täter, ein ganzer Entwicklungsstrom in Mitteleuropa zum Versiegen gebracht wurde.*

„Der zweite Pfingsttag" — so beginnt Feuerbachs Buch über Kaspar Hauser,[115] und es ist bezeichnenderweise genau der

* Siehe S. 155, wo dieser Gedanke weiter konkretisiert wird.

zweite Pfingsttag, fünf Jahre nach Kaspars Auftauchen in Nürnberg, sogar bis auf die Stunde genau, an dem für Feuerbach der Todeskampf beginnt! Peter Tradowsky sieht hierin ein Exempel der Täter,[116] unmissverständlich klarzustellen, dass das Geschehen um den Thronberechtigten noch immer überwacht wird, und somit als Warnung an alle noch lebenden Fürsprecher Kaspar Hausers, sich nicht weiter in dieser Angelegenheit zu engagieren.
Feuerbach verstarb und die Veröffentlichung seines geheimen „Memoire" wusste man zu verhindern. Aber nicht nur seine Angehörigen, sondern auch Georg Friedrich Daumer waren fest davon überzeugt, dass er keines natürlichen Todes gestorben sei. Dabei sollten wir uns nicht davon irritieren lassen, dass die Obduktion, die Feuerbach ja für sich selbst noch angeordnet hatte, ergebnislos blieb: wurde doch der (nach seinem Erfinder benannte) Marshtest zur Bestimmung von Arsen erst drei Jahre nach seinem Tod amtlich eingeführt. Wobei die ganze Symptomatik von Feuerbachs Todeskampf den Verdacht auf eine Arsenvergiftung als Todesursache nahe legt.[117] Lord Stanhope jedenfalls dürfte sich in diesem Metier bestens ausgekannt haben, denn er hatte in Erlangen Toxikologie studiert.
Es steht außer Zweifel, dass es im Interesse der Gegnerschaft lag, den bekannten und scharfsinnigen Ansbacher Juristen Feuerbach noch vor dem Anschlag auf Kaspar Hauser aus dem Weg zu räumen.

Man ließ es also um Kaspar Hauser allmählich einsam werden, während man seinen Mord — ein perfektes Verbrechen, das jedem Aufklärungsversuch standhalten sollte — bis ins Detail plante. Da es darum ging, nicht nur Kaspar Hausers Leben, sondern ebenso die Spuren seiner Herkunft restlos auszulöschen, musste auch der Kindstausch, der Ausgangspunkt des Verbrechens, in die Vorbereitungen mit einbezogen werden. Wie Fritz Klee belegen konnte, wurde ja Kaspar Hauser als Neugeborenes entwendet und statt seiner ein sterbendes Kind gleichen Alters, das Kind des Hofbediensteten Johann Ernst Jakob Blochmann, in die Wiege des Prinzen gelegt.*
Demnach stand für die Täter im Vordergrund, das immer wieder aufkommende „Gerücht" zu entkräften, der Erbprinz sei

* Siehe S. 42.

gegen ein todkrankes Kind eines Hofbediensteten ausgetauscht worden, das dann an seiner Stelle beigesetzt wurde. Die Lösung, die man für dieses Problem fand, ist verblüffend einfach: Es wurde eben ein „Lebenslauf" für das unter Verdacht stehende Blochmannsche Austausch-Kind kreiert und somit durch den „Nachweis" von dessen Fortleben dem Kindstauschverdacht die Grundlage entzogen.
So ließ man am 27. November 1833 das entsprechende Kind der Familie Blochmann durch Manipulation der Sterberegister in Karlsruhe und München „aktenmäßig" als Berufssoldat im Alter von einundzwanzig Jahren sterben. Der Kaspar-Hauser-Forscher Fritz Klee ist dem „Lebenslauf" des besagten Kindes aber noch einmal nachgegangen. Und so konnte er anhand der entsprechenden Soldatenlisten des bayerischen Heeres den Nachweis erbringen, dass es damals überhaupt keinen Soldaten namens Blochmann gegeben hatte.[118]
Dies erklärt auch, weshalb das Todesdatum des „Soldaten" Blochmann ganz offensichtlich erst nachträglich in das fortlaufende Münchener Sterberegister eingefügt wurde.[119] Aber nicht nur das, im Karlsruher Sterberegister taucht bei dem Todesvermerk des Blochmannschen Sohnes fälschlich der Name Kaspar auf. Anstelle des *Johann* Ernst Jakob Blochmann ist von einem *Kaspar* Ernst Jakob Blochmann die Rede. Die Autorin Ute Leonhardt sprach diesbezüglich von einer *schriftlichen Freudschen Fehlleistung,*[120] was gut nachvollziehbar ist, war doch vermutlich dem Schreiber, während er die Manipulation an der Akte vornahm, geistig präsent, dass es hier eigentlich um die Vertuschung des Verbrechens an Kaspar Hauser ging. Wie dem auch sei, es war jedenfalls eine grandiose „Fehlleistung", fast als wolle das Schicksal nicht zulassen, dass die Tür zur Wahrheit um Kaspar Hauser für immer ins Schloss fiele.
Den Tätern ist zudem entgangen, dass es auch noch das Taufregister der protestantischen Stadtgemeinde in Karlsruhe gab, in welcher neben dem Taufvermerk der Todesvermerk der Gemeindemitglieder eingetragen wurde. Wie schon erwähnt (Bild III) fehlt dort bei dem drei Tage vor Kaspar geborenen Knaben Johann Ernst Jakob Blochmann ein entsprechender Todesvermerk, den wir jedoch bei seinen neun Geschwistern ordnungsgemäß eingetragen finden. Das alles sind Fakten, die für sich sprechen.

Ließ man das Blochmannsche Austauschkind in dem vorgetäuschten Lebenslauf bereits im November 1833 in den oben genannten Akten fiktiv sterben, so stand nun im Dezember Kaspar Hausers Ermordung unmittelbar bevor. Hierzu bediente man sich der tiefen Sehnsucht Kaspars, seine Mutter, seinen Vater doch noch zu finden — und damit eine Antwort auf die *wunde* Frage in ihm, weshalb er nicht seiner Eltern Kind hatte sein dürfen und warum man ihm so viel Leid antat.
So betrat Kaspar am 14. Dezember 1833 den Hofgarten in der Hoffnung, jetzt endlich die Wahrheit über seine Herkunft zu erfahren. Doch dieser Versuch, seinem Schicksal auf die Spur zu kommen, endete für ihn mit dem Tod. Er starb nicht als Selbstmörder, sondern als ein verführtes, betrogenes Kind, das zu jenen Menschen gehörte — *„die in ihrer Seele barfuß sind".*
Dabei war es allein schon seine Existenz, die Kaspar Hauser zur Zielscheibe einer okkulten Gegnerschaft werden ließ, weil er mit seinem Schicksalsauftrag bis ins Innerste erkannt wurde. Peter Tradowsky bemerkt hierzu: *„Als ein ungeheures, schwer in einen Begriff zu fassendes Zeichen der Geschichte muss es angesehen werden, dass diesem Kinde Europas nur das Schicksal werden konnte, ermordet zu werden."*[121] Auch gibt es zu denken, wenn der bedeutende deutsche Historiker Friedrich Meineke* (1862–1954) die Ermordung Kaspar Hausers zu den *„Durchbrüchen eines satanischen Prinzips in der Weltgeschichte"* zählt.** [122]
Das Mordinstrument, eine Art Dolch von fast dreißig Zentimetern Länge, lässt offenbar auf Grund der eingravierten Symbolik (gekreuzte Knochen, Totenschädel, Stundenglas und Schwert) Rückschlüsse auf den Kreis der Täter zu.*** Demnach müssen nach den Untersuchungsergebnissen des Offenbacher Kaspar-Hauser-Forschers Dr. Biedermann[123] Mitglieder

* Friedrich Meineke war ein deutscher *Historiker* und Universitätsprofessor, *„der in der Zeit der Weimarer Republik und den ersten Jahren nach dem Zweiten Weltkrieg in der Bundesrepublik und wohl noch mehr im westlichen Ausland als der führende Repräsentant der deutschen Geschichtswissenschaft angesehen wurde".* (Gerhard A. Ritter, zitiert in Wikipedia, Februar 2008).
** Vgl. hierzu auch S. 167.
*** Bei näherem Interesse für die Gravur und deren komplexe symbolische Bedeutung im Einzelnen sei auf entsprechende Literaturangabe im Text verwiesen.

höchster, vor allem amerikanischer Geheimbünde* mit dem Verbrechen in Verbindung gebracht werden. Wenn dem so ist, so ist auch nicht schwer nachvollziehbar, dass es natürlich nicht in deren Interesse lag, mit der Ermordung Kaspar Hausers in Zusammenhang gebracht zu werden. Dies würde jedenfalls erklären, warum das Mordinstrument, nachdem es zunächst im Ansbacher Museum ausgestellt worden war, 1945 anscheinend von einem amerikanischen Offizier „entwendet" wurde.[124] Im Museum jedenfalls ersetzte man kommentarlos den fehlenden Dolch durch ein ungraviertes Stilett, das sogar noch mit dazugehörender Lederscheide präsentiert wurde. Dies wäre vermutlich niemandem aufgefallen, wenn nicht ein neues Standardwerk zur Kaspar-Hauser-Forschung erschienen wäre mit einer Abbildung des Originalmordinstruments, auf dem die oben genannte Gravur zu sehen war. Daraufhin entfernte man im Ansbacher Museum das ungravierte Stilett wieder aus der Vitrine, offenbar um nicht Gefahr zu laufen, dass der ganze Schwindel doch noch auffiele, und verzichtete fortan ganz auf ein entsprechendes Exponat. Dabei lässt sich der Eindruck gewinnen, dass bei diesem Museum selbst heute noch Andere ihre Hand mit im Spiel haben, denen an einer sachlichen Dokumentation nicht gelegen ist.** Warum sonst wird die ja vorhandene Fotografie des gravierten Originaldolchs noch immer nicht ausgestellt und insgesamt ein äußerst einseitiges Bild der Kaspar-Hauser-Geschichte vermittelt?*** [125]
In Ansbach erinnert unter anderem auch ein Gedenkstein im Hofgarten an das tragische Schicksal Kaspar Hausers. Man errichtete ihn in Kaspars Todesjahr nahe der Stelle, wo er niedergestochen wurde. Bemerkenswerterweise trägt dieser Stein eine Inschrift, in der das Wort „okkult" gleich dreimal auftaucht: *„Hier ist ein Okkulter von einem Okkulten auf okkulte Weise umgebracht worden"*, heißt es dort auf Lateinisch. Offenbar hatte der Verfasser dieser Zeilen schon damals die okkulte Dimension dieses Verbrechens erkannt.

* Es ist immer wieder die Rede davon, dass diese Kreise auch die Finanzmärkte der Welt über die US-Zentralbank und die Bank of England steuern und entsprechend die Politik in der Hand haben (vgl. Jan van Helsing, wer hat Angst vor'm schwarzen Mann?, Fichtenau 2005, S. 148 ff.).
** Wie in Bild XII noch weiter ausgeführt wird.
*** Vgl. meinen letzten Besuch im Ansbacher Museum im September 2010, S. 143f.

Auf nicht okkulter Ebene ist insbesondere Sophie von Schweden zu nennen, die immer wieder der Mitwisserschaft an der Ermordung Kaspar Hausers verdächtigt wurde. Als Gemahlin des damals regierenden Großherzogs Leopold — der nicht legitimiert regierenden Hochbergschen Linie im Hause Baden, die sich nur auf Grund eines ungesühnten Verbrechens an der Macht halten konnten — war sie offenbar in das Geschehen involviert.[126] Ihrem Gatten Leopold muss man hingegen zu Gute halten, dass er, als sein Vorgänger Ludwig — der letzte regierende Großherzog aus der alten Zähringer Linie — starb, seine Regentschaft zur Disposition stellte, da er Kaspar Hauser die ihm durch Geburt verliehenen Rechte nicht entziehen wollte: vorausgesetzt, es gäbe hierfür eine Möglichkeit, ohne dem Lande zu schaden. Der geheime Staatsrat hielt dies allerdings für ausgeschlossen.[127]

Die offizielle Anerkennung Kaspar Hausers als rechtmäßiger Badischer Thronberechtigter ist bis dato ausgeblieben! Aber hätte es nicht selbst heute noch etwas Befreiendes, wenn Kaspar Hauser endlich offiziell als Badischer Erbprinz anerkannt würde? Böte hierfür nicht sein 200. Geburtstag im Jahr 2012 einen geeigneten Anlass?
Wie auf S. 104f. erläutert, zeigt die Erfahrung, dass alles Verdrängte, Ungelöste nicht ohne Wirkung auf die Nachkommen bleibt. Demnach wäre es eine interessante Frage, was die Verdrängung des Verbrechens an Kaspar Hauser auf kollektiver Ebene für Deutschland bedeutet? Welche zukunftsweisenden Kräfte sind womöglich dadurch gebunden, die wir eigentlich dringend für die Lösung der gegenwärtigen gesellschaftlichen Herausforderungen bräuchten?

Mit seinem einundzwanzigsten Geburtstag drängte Kaspar Hausers Entwicklung auf jenen Punkt zu, an dem aus spirituell-menschenkundlicher Sicht die Volljährigkeit eintritt. Damit verbunden ist unter anderem auch das volle geistige Erwachen des Ich, das nun in der Lage ist, den ganzen Menschen als Instrument zu ergreifen. Da in diesem Alter die körperliche Entwicklung abgeschlossen ist, werden zudem Kräfte frei, die sich beim jungen Erwachsenen in einem starken, vitalen Drang nach Expansion auf körperlicher, seelischer und geistiger Ebene äußern.

Somit war nun auch bei Kaspar Hauser mit einem verstärkten Hervortreten seiner Individualität und einer neuen Impulskraft hinsichtlich seines Schicksalsauftrags zu rechnen. Dessen war sich zweifelsohne auch die okkulte Täterschaft bewusst, was sie in ihrem Entschluss bestärkt haben mag, die Ermordung Kaspar Hausers schon bald nach seinem einundzwanzigsten Geburtstag zu veranlassen.* Darüber hinaus hatte sich ja bereits, wie wir den Aufzeichnungen Georg Friedrich Daumers entnehmen können,** bei Kaspar Hauser eine Disposition zum Auftreten von Erleuchtungsmomenten abgezeichnet: ein inneres Schauen tiefster Zusammenhänge in einer Art erweitertem Bewusstseinszustand. Und ohnedies war ja schon wahrgenommen worden, dass in diesem jungen Menschen etwas Außergewöhnliches in Erscheinung trat, dem das schwere Schicksal, das er erlitten hatte, offenbar nichts anzuhaben vermochte. So strömten die Menschen auch — fünf Jahre nach seinem Auftauchen — am Pfingstfest 1833 in überwältigender Zahl in die Kirche zu seiner Konfirmation. Und als Kaspar Hauser dort im Rahmen der zeremoniellen Feierlichkeiten sich aus tiefstem Herzen vor der Welt zu Christus bekannte, wurde erneut das starke Charisma, das von ihm ausging, für die vielen Anwesenden spürbar: *„Der 20. Mai des vorigen Jahres war der feierliche Tag, von welchem noch jetzt Hunderte als von einem Tag der Erhebung für sie sprechen. Es war Hausers Konfirmationstag."*[128]

Tatsächlich war es anlässlich seiner Konfirmation das erste und einzige Mal, dass Kaspar Hauser bewusst und gewollt im Mittelpunkt eines größeren Menschenkreises stand. Dabei wurde unverkennbar deutlich, wie in der Substanz seiner Persönlich-

* Man beachte die Parallele zum Schicksal des jungen Herzog von Reichstadt, Napoleon II., François Joseph Charles (1811–1832), Sohn Napoleons aus erster Ehe mit der österreichischen Kaiserstochter Marie Luise. Dieser war mit einer herausragenden Intelligenz ausgezeichnet, ein freier starker Geist, seinen Jahren weit voraus. Nach dem Sturz Napoleons sollte für ihn Schloss Schönbrunn eine Zufluchtstätte werden. Aber es wurde ihm daraus ein seelisch-geistiges Gefängnis gemacht. Auch er verstarb, wie Kaspar Hauser, mit knapp 21 Jahren und hatte seinen eigentlichen Schicksalsentwurf nicht leben dürfen (vgl. Heyer, Beiträge zur Geschichte des Abendlandes, IX. Band: Kaspar Hauser und das Schicksal Mitteleuropas im 19. Jahrhundert, Stuttgart 1964, S. 201–204). Siehe auch im Anhang Gedhun Choekyi Nyima, das gestohlene Kind Tibets.

** Vgl. S. 83f.

keit eine Liebeskraft lebte, die es vermochte, „erhebend" auf einen großen Kreis von Menschen zu wirken. Kaspar Hauser stand damit bereits am Anfang einer neuen, bewussten öffentlichen Wirksamkeit.[129]

Spätestens jetzt musste die okkulte Gegnerschaft also zur Kenntnis nehmen, dass ihr Unternehmen gescheitert war, denn nun war nicht mehr zu übersehen, dass in Kaspar Hauser genau jene Seelenkraft, die sie mit allen Mitteln zu unterdrücken versucht hatte, nichts desto trotz hervortrat und die Menschen erreichte.

In Kaspar Hausers tiefem Bekenntnis zum Christentum wurde offenbar etwas von dem tatsächlichem Potenzial desselben präsent. So wird auch angesichts der Augenzeugenberichte sowie der Art und Weise, wie der Findling die Menschen in ihrem Innern ansprach, die Äußerung Rudolf Steiners nachvollziehbar, dass Kaspar Hauser christliche Impulse in sich trug und er *„eine wichtige Mission des esoterischen Christentums* zu erfüllen"* hatte,[130] indem er in die sozialen Verhältnisse ein freies christliche Element hätte einführen sollen. Genau das aber wurde von der okkulten Gegnerschaft nicht gewollt.

Was diese Mission des esoterischen Christentums beinhaltete, wird insbesondere deutlich, wenn wir uns noch einmal die Aussage Rudolf Steiners in Erinnerung rufen: dass die beabsichtigte Wirksamkeit Kaspar Hausers mit dem Wissen um Reinkarnation und Karma verbunden gewesen wäre.[131]

Im Sinne eines abendländisch-christlichen Reinkarnationsgedankens** wäre es demnach auch um die Herausbildung eines

* Was das esoterische Christentum betrifft, so beinhaltete dies für Rudolf Steiner, dass das sittliche Leben nicht von außen durch Gebote gehalten, sondern aus der Entfaltung des seelisch-geistigen Menschenwesens, in dem das Göttliche lebendig ist, hervorgehen müsse. Vgl. die Internet-Seite www.forumkultus.de, Esoterisches Christentum, 22. 07. 2009.

** Es sei darauf hingewiesen, dass Rudolf Steiner hinsichtlich des Reinkarnationsgedankens von der Reinkarnation der geistigen Individualität des Menschen spricht, die sich mehr und mehr zu vervollkommnen sucht und auf diesem Wege zunehmend mit dem Göttlichen in Einklang kommt, ohne sich dabei selbst zu verlieren. Dieser europäische Ansatz des Wiederverkörperungsverständnisses basiert demnach auf einem Entwicklungsgedanken und ist nicht zu verwechseln mit vorchristlichen östlichen Vorstellungen der Seelenwanderung, die auf einem Erlösungsgedanken basieren und deren Weg zum Teil darin besteht, allmählich alles individuelle Eigensein abzustreifen, um zur Auflösung im unterschiedslosen All-Sein zu

Bewusstseins gegangen, dass der Körper des Menschen einen geistigen und damit unsterblichen individuellen Seelenkern beherbergt, den es von Leben zu Leben weiterzuentwickeln gilt. Somit wären wir dazu aufgerufen, über Reinkarnationen allmählich zu einer vollkommenen Menschlichkeit in Gedanken, Worten und Taten vorzudringen, beziehungsweise eine „Verchristlichung" (wenn wir bei dieser Terminologie bleiben wollen) unserer selbst zu vollziehen.
Dabei vermag das Wissen um Reinkarnation und Karma (das Gesetz von Ursache und Wirkung) den Menschen zu der notwendigen Erkenntnis zu verhelfen, was über den Tod hinaus Bestand hat, sowie zu einem Bewusstsein seiner individuellen Freiheit und der damit einhergehenden Eigenverantwortung. Es handelt sich also letztlich um einen Emanzipationsvorgang, der unweigerlich auch die schon angesprochene Entmachtung bestimmter Gruppierungen nach sich zöge.
Wissen ist Macht, und dieser Macht begegnen wir bis heute bei allen Gruppierungen, deren Lenker wider besseren Wissens den Reinkarnationsgedanken in seiner Bedeutung für den Westen unterschlagen wollen. Durch die Vermittlung der Unvereinbarkeit von christlichem Glauben und dem Gedanken der Wiederverkörperung wird vielmehr auf subtile Weise zu verhindern versucht, dass Menschen ihren tiefen Glauben durch geistige Erkenntnisse befruchten und damit auf einer neuen Ebene handlungsfähig werden. Tatsächlich wäre die Besinnung auf die Wiederverkörperung für unsere Kultur eine große Chance, endlich die Spaltung in materielle Fixierung und zum Teil lebensfernen Glauben zu überwinden.[132] Die Erkenntnis der Wirksamkeit von Reinkarnation und Karma würde unserer Gesellschaft einen Anstoß für einen grundlegenden Wandel unserer Werte geben. Dies würde natürlich durch einen entsprechend bewussteren Umgang eine Weiterentwicklung in fast allen Lebensbereichen nach sich ziehen, das heißt letztlich eine Anhebung unseres gesamtgesellschaftlichen Niveaus bedeuten. Dass dies für einige mit erheblichen Machtverlust verbunden wäre, steht außer Zweifel. Deshalb wird ja von entsprechender Seite auch versucht, dieses mehr und mehr an die Oberfläche unseres Bewusstseins drängende Wissen über relevante Zusammenhänge

gelangen. (Vgl. Witzenmann, Vererbung und Wiederverkörperung des Geistes, Dornach 2004, S. 7.)

unseres Daseins, das Wissen über Reinkarnation und Karma, zurückzudrängen, für völlig abwegig zu erklären oder es zu verunglimpfen, um längst überholte Abhängigkeiten weiter aufrecht erhalten zu können. Hier will man also um jeden Preis verhindern, dass die „Masse" zu der längst fälligen Erkenntnis vordringt, welch ungeheures Potenzial unser Menschsein beinhaltet, aber auch, welch große Verantwortung für jeden von uns damit verbunden ist. Denn wenn jedem bewusst wäre, dass er den Konsequenzen seines Handelns unweigerlich eines Tages selbst wieder begegnen wird, würde er mit Sicherheit in vielen Situationen anders beziehungsweise wacher, bewusster entscheiden.*

Somit wird offensichtlich, um was es bei der Ermordung Kaspar Hausers, „des Kindes von Europa", und seiner Verleugnung im Grunde bis heute geht: Es ist der Kampf gegen einen Kulturimpuls, der es dem Menschen erlauben würde, sich in zeitgemäßer Form jenseits kirchlicher und wirtschaftlicher Machtinteressen als freies, selbstverantwortliches Individuum in seinem Denken, Fühlen und Handeln bewusst auf einen Entwicklungsweg zu begeben. Es ist der Kampf gegen ein Bewusstsein, das die Lehre der Reinkarnation in ihrem Kern als zutiefst christliches, freilassendes und kreatives Evolutionsprinzip des Menschen erkennt.

Wie wir den Äußerungen Steiners entnehmen können, war das Schicksal Kaspar Hausers offenbar aufs Engste mit diesem zukunftsweisenden Impuls verbunden, der auch eine große Chance für eine Erneuerung des Christentums beinhaltet. Kaspar Hausers Ermordung durch eine okkulte Gegnerschaft bedeutet demnach weit mehr als eine persönliche Tragik, denn mit ihm, *„dem Kind Europas"*, wurde letztlich ein Im-Werden-Begriffenes zunichte gemacht, das aber bereits in der Mitte des 19. Jahrhunderts für die geistige Entwicklung der Menschen in unserem Kulturraum von grundlegender Bedeutung gewesen wäre.

* Von den immensen Folgen, die sich hieraus für die Gesellschaft ergeben, wird im Kapitel Ausblick noch die Rede sein.

Bild XII

Eine Seele geht
Verhindertes Schicksal, Verleumdung
— Nicht gewordene Geschichte —

Historische Ebene

Drei Tage nach dem Mordanschlag, am 17. Dezember 1833, neigt sich Kaspar Hausers Leben unweigerlich dem Ende zu. Es ist bewegend, wie er, der so viel erlitten hatte, im Beisein seines Konfirmationslehrers Pfarrer Heinrich Fuhrmann sein Schicksal und seinen Tod in vollem Bewusstsein mit den Worten annimmt: *„Dein Wille geschehe".*[133]
Hierauf soll er ganz ruhig geworden sein und nur noch gesagt haben: *„Müde, recht müde, muss noch eine große Reise machen!",*[134] dann drehte er sich um und starb.

„Kaspar Hauser, mein vielgeliebter Kurant, ist nicht mehr...", das sind die Worte des Nürnberger Bürgermeisters Binder in einem der vielen Nachrufe, die in den Ansbacher und Nürnberger Zeitungen nach dem Tod Kaspar Hausers erscheinen. Mit diesen Zeilen bekundet Binder erneut seine ungebrochene Anteilnahme für sein *„durch einen Meuchelmörder"* getötetes Mündel von einst.[135] Nach Bekanntwerden der Ermordung Kaspar Hausers rollte eine Welle der Wut, Empörung und Trauer über Europa hinweg.
Lord Stanhope allerdings mimte den Ahnungslosen. Als ob er nicht schon längst von dem Attentat und dessen tödlichem Ausgang für seinen Pflegesohn gewusst hätte — das ja in aller Munde war und von dem alle Zeitungen berichteten. So gab er selbst am 25. Dezember in München noch einen Brief an Kaspar Hauser auf, den er darüber hinaus mit dessen Todesdatum (17. Dezember 1833) versah. Überhaupt nimmt die Haltung des Lords hinsichtlich seines Pflegesohns nach dessen Tod nun auch gegenüber der Öffentlichkeit eine überraschende Wendung, denn mit großem Eifer macht er sich daran, zeitgleich mit dessen Ansbacher Lehrer und Erzieher Johann Meyer, bei

dem er Kaspar Hauser zurückgelassen hatte, dessen Namen in Misskredit zu bringen. So versuchen beide, sein Schicksal mit allen Mitteln zu bagatellisieren und das Gerücht in Umlauf zu bringen, dass es sich bei Kaspar Hauser in Wirklichkeit ja nur um einen Aufschneider gehandelt habe, der alle an der Nase herumgeführt hatte und letztlich Selbstmord beging. Diese Behauptung war um so dreister, als ja Kaspars Ermordung durch die Sektionsergebnisse, mehrere Zeugenaussagen und Indizien von Anfang an belegt war. Außerdem erscheint die Selbstmordtheorie allein schon mit dem Charakter Kaspar Hausers unvereinbar, für den jede Gewaltanwendung unerträglich war und der darüber hinaus nie einen derartigen Dolch besessen hatte.
Leider wird Lord Stanhope auch heute noch gerne, gewollt oder ungewollt, als zuverlässige Quelle zitiert, schließlich war er ja Kaspar Hausers letzter Pflegevater. Dabei müsste einem doch schon das absurde Verhalten Stanhopes im Komplott mit dem Lehrer Meyer stutzig machen, dass sie von jenem, der ihnen zur Pflege und Erziehung anvertraut worden war, mit besonderem Eifer öffentlich behaupten, er habe Selbstmord begangen. Als ob dadurch nicht auch auf sie, als die eigentlich Verantwortlichen für den Heranwachsenden, ein schlechtes Licht fiele.

Doch letzten Endes sind die Kaspar-Hauser-Gegner mit ihrem Vorgehen erfolgreich gewesen: Denn die Ermordung des Findlings wird bis heute immer wieder in Zweifel gezogen.
So wurde nach Kaspar Hausers Tod mit allen Mitteln versucht, die Verleumdung, die 1830 mit der Schrift *„Kaspar Hauser, nicht unwahrscheinlich ein Betrüger"* des Berliner Polizeirats Johann Merker ihren Anfang nahm, zu untermauern. Dabei ist die gezielte Zusammenarbeit Stanhopes mit dem Berliner Polizeirat inzwischen belegt.[136] In diesem Zusammenhang ist auch bemerkenswert, dass Meyer selbst, nachdem Kaspar Hauser bereits über ein Jahr beerdigt war, von Lord Stanhope noch einmal mit der stattlichen Summe von fünfhundert Gulden bedacht wurde. Es ist anzunehmen, dass dieser hohe Betrag nichts mehr mit der früheren Pflege des Jungen zu tun gehabt hat, sondern eher als eine Entlohnung Meyers für seine unermüdliche verleumderische Tätigkeit zu werten ist, wie schon des öfteren festgestellt wurde.
Des weiteren fällt auf, dass alle damaligen Zahlungen des Lords nicht mit englischen oder bayerischen, sondern mit badischen

Staatsnoten erfolgten; möglicherweise ist dies auch ein Hinweis darauf, woher das Geld kam und wessen Interessen Lord Stanhope — neben jenen auf okkulter Ebene — auch noch bediente: die Interessen der letztlich in ihrer Legitimation in Frage gestellten, regierenden Hochbergschen Linie im Hause Baden.
Die vom Gericht angeordnete Sektion Kaspar Hausers wurde am 19. Dezember von Dr. Albert und Dr. Koppen im Beisein zweier weiterer Ärzte durchgeführt. Sie ergab, dass Selbstmord praktisch ausgeschlossen ist. Zum einen, weil der Stichkanal, der laut Protokoll zu einer vierfach tödlichen Verletzung der inneren Organe geführt hatte, von links oben nach rechts unten verlief, Kaspar Hauser aber Rechtshänder war. Zum anderen, weil die Verletzungen auf eine derart große Wucht des Stoßes schließen lassen, die gegen sich selbst zu richten wohl kaum jemand imstande ist. Die Klinge durchtrennte Mantel, Weste und Hemd sowie einen stabilen, hochgetragenen Hosenbund.
Die Obduktionsergebnisse bestätigten ferner — in Übereinstimmung mit den beiden ärztlichen Gutachten von 1828* — die Einkerkerung Kaspar Hausers von frühester Kindheit an. Bemerkenswert ist dabei unter anderem auch der Befund einer großen, hypertrophischen Leber, wie man sie nur bei Tieren vorfindet, die in zu engen Käfigen gehalten werden.[137]

Am 20. Dezember 1833 fand dann Kaspar Hauser Beisetzung auf dem Ansbacher Friedhof im Beisein zahlreicher Menschen statt. Lord Stanhope nimmt allerdings nicht an den Trauerfeierlichkeiten teil, obwohl er bereits um den 14. Dezember nahe Ansbach gesehen wurde.[138]
Seine Wandlung vom „väterlichen Freund" zum Verleumder Kaspar Hausers ist nicht nachvollziehbar, zumal nichts, was diesen plötzlichen Gesinnungswandel erklären würde, vorgefallen war. Lord Stanhope scheute auch nicht davor zurück, eine Sinnesänderung Feuerbachs zu behaupten, die noch kurz vor dessen Tod wider Kaspar Hauser erfolgt sein sollte. Außerdem begab sich Lord Stanhope im März 1834 nach Nürnberg, um Aussagen zusammenzutragen, die sich gegen Kaspar verwenden ließen. Dabei ging er sogar so weit, jenen Schuster, der

* Siehe S. 73.

Kaspar Hauser bei seinem Auftauchen in Nürnberg 1828 zuerst gesehen hatte, dazu zu bewegen, seine ursprünglichen Aussagen, die er damals zu Protokoll gegeben hatte zu „erweitern" und jetzt zu behaupten, Kaspar Hauser habe bereits damals verschiedene Dinge zu ihm gesagt und wesentlich mehr verstanden, als er vorgab. So war beispielsweise in dessen „revidierter Erinnerung" Kaspar Hauser nun auch nicht mehr mit „wackligem Gang", sondern „guten Schrittes" dahergekommen[139].
In einer großen Verleumdungskampagne wurde somit aus Kaspar Hauser — dessen lauteres Wesen so oft bezeugt worden ist — mit einem Mal ein Betrüger gemacht, der alle zum Narren gehalten hatte. Sein Mord wurde als Selbstmord hingestellt, und im Handumdrehen wurde aus dem Opfer ein Täter.[140]
Aber es gab noch Georg Daumer, Kaspars ersten Erzieher, Lehrer und Begleiter, der Lord Stanhopes Verleumdungsabsichten entschieden entgegentrat. Dadurch konnte Daumer sich allerdings auch seines eigenen Lebens nicht mehr sicher sein. Und tatsächlich, im August 1835 wurde er — kurz vor Erscheinen von Lord Stanhopes Buch *„Materialien zur Geschichte Kaspar Hausers, gesammelt und herausgegeben von dem Grafen Stanhope"* — ebenfalls zum Zielobjekt eines Mordanschlags, der jedoch misslang.[141]

Es ist kaum nachvollziehbar, wie sich die Diffamierung Kaspar Hausers in unzähligen Veröffentlichungen, von denen hier nur einige wenige erwähnt werden können, bis zum heutigen Tag fortsetzt.* Dabei sollte es doch zu denken geben, dass gerade jene intelligenten, umfassend gebildeten und starken Persön-

* So ist leider auch das Internet-Lexikon Wikipedia, bei dem jeder aus „belegten und zuverlässigen Quellen" Wissen beitragen kann, zu einer Plattform der Verleumdung Kaspar Hausers geworden. Unter anderem werden dort Lord Stanhope sowie Johann und Julius Meyer (siehe oben folgenden Absatz) als zuverlässige Quellen gewollt oder ungewollt (denn die Komplexität des Themas macht es sehr schwer, die Rolle der Einzelnen im Gesamtzusammenhang zu durchschauen) wiedergegeben. Das ist um so bedauerlicher, als dieses Internetportal für unzählige Nutzer die erste Anlaufstelle ist, um sich über ein Thema zu informieren. So heißt es dort z. B. (März 2008) bezüglich des an Kaspar Hauer verübten Mordes: *„Eine Gesamtwürdigung aller Indizien lässt jedoch auf Selbstverletzungen schließen, die er sich vermutlich aus Enttäuschung über das nachlassende öffentliche Interesse an seiner Person beigebracht hat."* Auch Daumer und

lichkeiten, die Kaspar Hauser persönlich gekannt und ihn in bester Absicht begleitet haben,* ausnahmslos bis an ihr Lebensende zu ihm standen. Dagegen verrät Lord Stanhope sich letztlich selbst in seinen tatsächlichen Absichten durch sein späteres Verhalten, und seine gekauften Helfer nehmen sich in ihrer Persönlichkeitsstruktur beziehungsweise Intelligenz eher zweifelhaft aus.

1872, neununddreißig Jahre nach Kaspar Hausers Ermordung, wird darüber hinaus von den Gegnern ein weiterer Anlauf unternommen, Kaspar Hauser lediglich als unbedeutenden Betrüger und Selbstmörder im Gedächtnis der Öffentlichkeit zu verankern, und zwar durch die Veröffentlichung der Schrift: *„Authentische Mittheilungen über Caspar Hauser"* von Julius Meyer, dem Sohn des Lehrers Johann Meyer. Mit der dort vorgetragenen Selbstmordtheorie soll die Tatsache des belegten Attentats im Nachhinein als Hirngespinst abgetan und das Herausragende an der Persönlichkeit dieses um sein Schicksal Betrogenen geleugnet werden. Julius Meyer behauptet zudem, dass die wenigen Überlebenden, die Kaspar Hauser noch persönlich gekannt haben, *„kaum mehr Neues beizubringen im Stande seien. Die Akte über Kaspar Hauser dürfte daher als geschlossen angesehen werden."*[142]

Daumer war übrigens der Auffassung, dass Julius Meyer von der Annahme ausging, sein Buch 1872 getrost veröffentlichen zu können, ohne noch Gefahr zu laufen, eine Gegenschrift zu riskieren, weil er fälschlicherweise glaubte, dass er, der Lehrer Daumer — der Kaspar Hauser von allen am besten gekannt haben dürfte und damit einer seiner gewichtigsten Fürsprecher war —, inzwischen verstorben sei. Gestorben war aber Dau-

Feuerbach werden entsprechend verzerrt dargestellt, so dass ihre Augenzeugenberichte an Glaubwürdigkeit verlieren.

* Der Nürnberger Bürgermeister Binder, der Gymnasialprofessor Daumer, Kaspar Hausers späterer Vormund und Oberappellationsgerichtsrat Freiherr von Tucher, der Appellationsgerichtspräsident Feuerbach sowie Pfarrer Heinrich Fuhrmann. Nach Lord Stanhopes Kehrtwende und der damit einhergehenden Verleumdungskampagne veröffentlichte Pfarrer Heinrich Fuhrmann aus Liebe zur Wahrhaftigkeit, wie er selbst schreibt, 1834 sein Buch „Kaspar Hauser. Beobachtet und dargestellt in der letzten Zeit seines Lebens". Auch anhand dieser Veröffentlichung wird deutlich, dass Lord Stanhopes Beschreibung Kaspars als Lügner und Betrüger dessen Wesen weit verfehlt.

mers Bruder, was Meyer beim Lesen der Todesanzeige anscheinend nicht realisiert hatte.[143]
Daumer sieht sich also noch einmal dazu aufgerufen, für Kaspar Hauser einzutreten, um der Entstellung seines Wesens und seines Schicksals entgegenzutreten. 1873 erscheint dann bereits dessen Gegendarstellung: *„Kaspar Hauser, sein Wesen, seine Unschuld, seine Erduldungen und sein Ursprung".* Die Kompetenz und Glaubwürdigkeit Daumers in der Beurteilung Kaspars Hausers als noch lebender Augenzeuge war in der Öffentlichkeit unbestritten und stellte somit ein ernstzunehmendes Gegengewicht dar. Doch der Kampf setzt sich dennoch bis heute fort, da sich immer wieder neue Kaspar-Hauser-Gegner finden lassen.

Im 20. Jahrhundert ist es insbesondere Prof. Dr. Hermann Pies zu verdanken, dass das Kaspar-Hauser-Bild in der Öffentlichkeit, allen Verzerrungen zum Trotz, wieder an Klarheit gewann. Es ist Pies' Lebenswerk, der Kaspar-Hauser-Forschung ihre wissenschaftliche Grundlage gegeben zu haben. Unzählige Akten und Zeugenaussagen wurden von ihm durchgesehen, Ungereimtheiten aufgedeckt und Fälschung entlarvt. 1966 schließlich veröffentlichte er eine Zusammenfassung der Ergebnisse seiner über vierzigjährigen Forschungstätigkeit, die keinen Zweifel mehr an der Identität Kaspar Hausers als rechtmäßigen Erbprinzen des Hauses Baden bestehen lässt.
Mit der Verfilmung der Biographie Kaspar Hausers durch Peter Sehr im Jahr 1993 gelangte das Thema dann erneut ins Bewusstsein der Öffentlichkeit. Der Film „KASPAR HAUSER" mit André Eisermann in der Hauptrolle fand weltweit Beachtung.
Für die Gegnerschaft war damit wieder Handlungsbedarf geboten und tatsächlich erscheint am 25. November 1996 der SPIEGEL mit dem Titelthema: *„Der entzauberte Prinz Kaspar Hauser, Gen-Forscher lösen ein Jahrhunderträtsel".* Der entsprechende Artikel auf Seite 254[144] trägt die Überschrift: *„Schönster Krimi aller Zeiten".* Dazu prangt auf der Titelseite jene etwas einfältig anmutende historische, kolorierte Federzeichnung, die Kaspar Hauser bei seinem Auftauchen in Nürnberg mit dem „Rittmeisterbrief" zeigen soll. Eine Darstellung, die offenbar der Phantasie des damaligen Zeichners entsprungen ist, da sie keine Ähnlichkeit mit den — ja vorhandenen — Porträts von Kaspar Hauser aufweist.[145] Außerdem wurde für das Titel-

bild die Darstellung noch dahingehend verändert, dass man den Brief, den Kaspar Hauser damals (1828) in Händen hielt, durch eine Diskette ersetzte — vermutlich als Anspielung auf die ernüchternden Forschungsergebnisse, die nun (angeblich) vorlagen.

Die immensen Kosten für den Gentest (sie dürften in die Hunderttausende Euro gegangen sein) wurden übrigens weder von einem Zeitschriftenverlag noch vom Freistaat Bayern getragen, sondern von ungenannter privater Seite, wie der Direktor des Instituts für Rechtsmedizin der Ludwig-Maximilians-Universität München, wo die Untersuchung erfolgte, dem Offenbacher Kaspar-Hauser-Forscher Dr. Biedermann mitteilte.[146]

Nachdem nahezu alle Historiker der seriösen Kaspar-Hauser-Forschung es für erwiesen halten, dass es sich bei dem Findling Kaspar Hauser um den rechtmäßigen Erbprinzen des Hauses Baden handelt, zeugt bereits der Titel besagter Ausgabe des SPIEGEL von einer ungeheuren Ignoranz, insofern darin von einem „Jahrhunderträtsel" gesprochen wird. Bezugnehmend auf neuere wissenschaftlich fundierte Veröffentlichungen zu Kaspar Hauser wird in dem Artikel die Behauptung aufgestellt: *„Sie haben sich alle geirrt [...].*[147] *Die von den meisten Historikern für wahr gehaltene Version ist nichts als Legende."*[148] Auf Seite drei kann man dann lesen, dass es niemandem vorzuhalten sei, dass bislang jeder Beweis fehlte, denn *„[...] den konnte erst jetzt die Wissenschaft liefern — durch einen DNS-Test, die Molekularanalyse, die gleichsam einen genetischen Fingerabdruck ermittelt".*[149]

Hierzu sei angemerkt, dass besagter Gentest auf der Untersuchung der genetischen Übereinstimmung basiert zwischen: dem Blutfleck auf einer alten Unterhose aus dem Ansbacher Museum, die Kaspar Hauser getragen haben soll, und einer noch lebenden Nachfahrin Stéphanies, der Mutter des 1812 geborenen Erbprinzen. Erstaunlicherweise bleibt die ganze höchst aufwändige Untersuchung aber den Nachweis schuldig, dass Unterhose und Blutfleck tatsächlich von Kaspar Hauser stammen, was — wie sich bei der Genuntersuchung von 2002 (siehe S. 141f.) herausstellte — nicht der Fall war. Somit lässt sich als wissenschaftliches Ergebnis dieser Genuntersuchung lediglich feststellen, *„dass der verletzte und blutende Träger einer uralten Unterhose nicht mit Stéphanie Beauharnais verwandt war",* wie Hanno Kühnert bereits in der ZEIT vom 29. Novem-

ber 1996 in dem Artikel *„Unterhose mit Blutfleck"* die Genanalyse des SPIEGEL kommentiert. Darüber hinaus trifft auch der Untertitel seines Artikels: *„Wie der ‚Spiegel' einen badischen Prinzen zu einem Tiroler Deppen machen will"* schon den Nagel auf den Kopf.
Bei dem SPIEGEL-Artikel wurde also die Autorität der Wissenschaft dazu benutzt, ein unanfechtbares Urteil zu suggerieren, und erneut der Versuch unternommen, einen endgültigen Schlussstrich unter die „Kaspar-Hauser-Angelegenheit" zu ziehen. Wobei Inhalt und Ergebnis des SPIEGEL-Artikels von der Medienwelt allgemein aufgegriffen und international verbreitet wurden. Dabei ist es verblüffend, wie das Vorgehen beziehungsweise das Resumée des SPIEGEL von 1996 dem Fazit von Julius Meyer aus dem Jahr 1872 gleicht, der sein Buch *„Authentische Mittheilungen über Caspar Hauser"* mit der abschließenden Bemerkung versah: *„Die Akte über Kaspar Hauser dürfte [...] als geschlossen angesehen werden."*[150] Im SPIEGEL ist vom *„Ende einer Legende"* die Rede, außerdem finden wir noch die Formulierung:
„Das Rätsel ist gelöst, der historische Krimi, der so viele Phantasien freisetzte, erwies sich als ein Märchen aus der deutschen Romantik: Das Auftauchen aus dem Nirgendwo, das unsägliche Leiden und Sterben des Wildlings Kaspar Hauser — und die unendliche Frage nach seinem Geblüt."[151]
Angesichts profunder wissenschaftlicher Forschungsergebnisse von „Phantasien" zu sprechen, wirkt allein schon befremdlich. Doch Kaspar Hausers Leben und Leiden als Märchen hinzustellen, obwohl es seit seinem Auftauchen in Nürnberg von etlichen namhaften Zeitgenossen, nebst Untersuchungsakten, Gutachten und Vernehmungsprotokollen bis ins Detail dokumentiert wurde, ist nicht nur menschenverachtend, sondern entbehrt jeder sachlichen Grundlage.[152] Nach dem Motto „Ein bisschen was bleibt immer hängen" wurde somit jedenfalls erreicht, „die ganze Kaspar-Hauser-Geschichte" einmal mehr als „Märchen" in das Gedächtnis der Öffentlichkeit einzuschreiben.
Dabei bestünde ja die Möglichkeit, die Ergebnisse der historischen Forschung auf eine ganz naheliegende Weise zu überprüfen, nämlich durch eine Untersuchung, ob der 1812 in der badischen Fürstengruft beigesetzte Säugling mit Stéphanie von Baden beziehungsweise der noch lebenden Nachfahrin verwandt ist. Bei einer weitgehenden Übereinstimmung der gene-

tischen Merkmale wäre dies ein glaubwürdiges Indiz dafür, dass kein Kindstausch stattgefunden hat, der Thronanwärter tatsächlich gestorben ist und der 1828 aufgetauchte Kaspar Hauser nicht der badische Erbprinz gewesen sein kann.
Doch noch heute, zweihundert Jahre nach Kaspar Hausers Tod, hüllt sich das Haus Baden in Schweigen und hält entsprechende Akten weiter unter Verschluss. Allerdings ist ein Versprechen von Prinz Max von Baden an seinen Vetter, den russischen Großfürsten Nikolaus Michailowitsch, aus dem Jahr 1913 überliefert, dass er nach seiner Thronbesteigung als erste Amtshandlung die sterblichen Reste Kaspar Hausers nach Pforzheim in die Badische Fürstengruft überführen werde.[153] Auch wenn es zur Thronbesteigung von Prinz Max nicht mehr kam (er wurde 1918 deutscher Reichskanzler), gibt es dennoch Indizien dafür, dass besagte Überführung tatsächlich erfolgte. Dies wäre auch eine Erklärung dafür, weshalb die Fürstengruft der Badener hermetisch verschlossen wurde und bis heute niemandem Zutritt gewährt wird.[154]

2002 wurde von den öffentlich-rechtlichen Sendeanstalten ZDF und ARTE am Institut für Rechtsmedizin Münster jedoch eine weitere Genuntersuchung zur Aufklärung der Abstammung Kaspar Hausers in Auftrag gegeben.* Bei dieser akribisch durchgeführten Untersuchung unter der Leitung von Prof. Dr. Bernd Brinkmann bediente man sich mehrerer Kaspar Hauser zugeordneter Genproben unterschiedlicher Herkunft und führte zudem einen Kreuzvergleich durch, das heißt, man verglich die Proben auch untereinander und stellte deren Übereinstimmung fest. So verglich man unter anderem ein Haar aus einer Haarlocke Kaspar Hausers, die von den Nachfahren Feuerbachs aufbewahrt worden war, mit einem Haar einer Haarlocke aus dem Ansbacher Museum sowie Körperzellen aus dem Schweißband von Kaspar Hausers Zylinderhut, der ebenfalls aus dem Ansbacher Museum stammte, und anderen Blutresten aus der Kleidung. Diese auf Kaspar Hauser zurückzuführenden und genetisch übereinstimmenden Proben stimmten interessanterweise aber nicht mit dem Gencode des Blutes aus besagter Unterho-

* Im deutsch-französischen Fernsehkanal ARTE wurden die Ergebnisse dieser Untersuchung am 17. August 2002 in einem sachlichen und gut recherchierten Dokumentarbericht („Der Fall Kaspar Hauser") gesendet.

se der SPIEGEL-Genanalyse überein. Damit wurde belegt, dass das Blut, auf dem die ganze SPIEGEL-Untersuchung basierte, nicht von Kaspar Hauser stammte. Die Spur des seriösen Genmaterials der Genanalyse von 2002 führt hingegen zum Badischen Fürstenhaus. Denn tatsächlich entsprechen diese Genproben an allen wesentlichen Positionen denen der direkten Nachfahrin der Kaiserlichen und Königlichen Hoheit Stéphanie Napoleon, Großherzogin von Baden. Damit kann es *„mit an Sicherheit grenzender Wahrscheinlichkeit"* als naturwissenschaftlich erwiesen gelten, was die seriöse historische Forschung schon lange belegt hatte, dass nämlich der Findling Kaspar Hauser Badischer Erbprinz von königlichem Rang war.[155] [156] [157]

Während die Genanalyse des SPIEGEL von 1996 mit ihrer wissenschaftlich unhaltbaren Folgerung, Kaspar Hauser könne nicht der Badische Prinz gewesen sein, über die Medien im großen Stil verbreitet wurde, fand die wissenschaftliche Widerlegung dieser Behauptung durch die zweite Genanalyse im Jahr 2002 in der Medienwelt nur ein geringes Echo.[158] Hatte man vielleicht das SPIEGEL-Ergebnis schon so endgültig proklamiert, dass man jetzt nicht unglaubwürdig erscheinen wollte?
Im Zusammenhang mit der Genanalyse ist das Ansbacher Markgrafen-Museum mit seiner Kaspar-Hauser-Abteilung erneut zu erwähnen, das, wie schon bei dem gravierten Dolch*, auch hier wieder durch seine Unsachlichkeit auffällt. So lagen bei meinem dortigen Besuch im Oktober 2005 auf der Empfangstheke beim Kartenverkauf unübersehbar die Seiten der SPIEGEL-Genanalyse aus. Und das drei Jahre nach deren Widerlegung durch das Rechtsmedizinische Institut Münster! Und schon auf der ersten Tafel des Rundweges hieß es: *„Die Erbprinzentheorie wurde von der Naturwissenschaft widerlegt",* so als wolle man dem Besucher die Spannung und das Interesse schon von vornherein nehmen.
Auf einer weiteren Tafel des Rundganges begegnete man dieser Aussage erneut: *„Der modernen Naturwissenschaft ist inzwischen der Nachweis gelungen, dass Kaspar Hauser kein badischer Prinz war. Damit wurde vielen scharfsinnigen Untersuchungen auf einen Schlag die Grundlage entzogen. [...] nach wie vor sind alle Fragen offen [...]"*

* Der Dolch, mit dem Kaspar Hauser erstochen wurde, siehe S. 126.

Sogar noch ein drittes Mal wurde der Besucher auf das Ergebnis der längst überholten SPIEGEL-Genuntersuchung hingewiesen, diesmal mit der Präsentation des DNA-Analyse-Berichts, der 1996 für die Stadt Ansbach angefertigt worden war.
Als ich die Dame am Empfang fragte, warum denn nirgends die 2002 veröffentlichten Untersuchungsergebnisse des Rechtsmedizinischen Instituts Münster angeführt seien, erhielt ich die Antwort: *Sie wisse schon, dass die SPIEGEL-Genuntersuchung widerlegt und Kaspar Hauser zu 98% der badische Erbprinz gewesen sei, sie werde von Besuchern auch immer wieder darauf angesprochen, aber leider sei das eben nirgends schriftlich zu bekommen und so könne man es auch nicht ausstellen.**
Bevor es zur Endfassung dieses Buches kam, wollte ich noch einmal überprüfen, ob sich in Sachen Kaspar-Hauser-Abteilung des Markgrafen-Museums Ansbach etwas bewegt hatte. Die alle zwei Jahre stattfindenden Kaspar-Hauser-Festspiele und der Druck der Öffentlichkeit ließen mich hoffen. In Begleitung von Helmut Schmitt und Michaela Perkounigg (dem Musiker und meiner Lektorin) fuhr ich also im September 2010 noch einmal nach Ansbach. Von der ersten Museumstafel, auf der vor fünf Jahren noch zu lesen war: *„Die Erbprinzentheorie wurde von der Naturwissenschaft widerlegt"*, war nur noch die Halterung vorhanden. Doch die Auswahl der dokumentierten Augenzeugenberichte war nach wie vor einseitig, wenngleich auch meist eine, allerdings eher schwache Gegenstimme angeführt wurde, offensichtlich um entsprechen Kritikern etwas entgegenhalten zu können und dem Laien eine um Objektivität bemühte Darstellung zu suggerieren.
Was die Gefangenschaft Kaspar Hausers betrifft, so können wir im Museum zum Beispiel hinsichtlich schloss Pilsach, wo Kaspar Hauser, entsprechend der anerkannten Kaspar-Hauser-Forschung, über ein Jahrzehnt in dem heute noch existierenden Kerker gefangen gehalten wurde, nur lesen: *„Schließlich brachte Klara Hofer 1924** Schloß Pilsach bei Neumarkt in der Oberpfalz ins Gespräch."* — Keine Fotos des noch existierenden Kerkers, keine Dokumentation des dort aufgefundenen Spiel-

* Die Dame fügte dann noch hinzu, ich solle doch der Museumsleitung schreiben. Mir fehlt allerdings die Naivität, zu glauben, die Museumsleitung erst auf obigen Sachverhalt aufmerksam machen zu müssen.
** Klara Hofer erwarb 1924 das Schloss.

zeugpferdchen, nichts wird dem Besucher anschaulich gemacht.
Hingegen wird die seit acht Jahren bereits widerlegte Genanalyse von 1996 über einen Film (Spiegel TV) und über den entsprechenden Bericht, den die Stadt Ansbach damals erhielt, dem Betrachter immer noch gezielt vor Augen geführt, in dem es heißt: *„Zusammen mit dem Wissen, das wir über die Kleidung und ihre Geschichte haben, war Kaspar Hauser daher kein Sohn von Stefanie Beauharnais und ist damit ebenfalls kein Erbprinz aus dem Hause Baden. Damit ist die anerkannteste Theorie über die Herkunft Kaspar Hausers durch den Einsatz molekularbiologischer Methoden widerlegt."*
Die Genanalyse von 2002 hingegen ist nirgends ausgelegt. Statt dessen befindet sich an der Wand der Text: *„Die erste, 1996 durchgeführte Analyse des Blutes an der eindeutig zu Kaspar Hausers Kleidung gehörenden Unterhose ergab den vollständigen Ausschluss der Verwandtschaft mit dem Hause Baden."* Da kann man nur staunen und ist dankbar über den sachlichen, von der Stadt Ansbach herausgegebenen Flyer, der sich entsprechend auf den aktuellen Stand der Wissenschaft bezieht, mit der Erkenntnis der großen Ähnlichkeit des seriösen Genmaterials der Untersuchung von 2002 zum Hause Baden. Dabei geht der Flyer auch auf die Genuntersuchung von 1996 ein, durch welche über die Presse *„die Erbprinzen-Theorie als Überholt abgestempelt wurde"*, und stellt fest: *„Bis heute verwirrend ist die Tatsache, dass das Blut auf der Unterhose von einem anderen Menschen stammt als die übrigen untersuchten genetischen Spuren."* So kam das Markgrafen-Museum offenbar auch nicht umhin, zumindest einmal die zweite Genanalyse zu erwähnen mit dem abschließenden Satz: „Die Möglichkeit, dass Kaspar Hauser ein biologischer Verwandter zum Haus Baden ist, besteht noch."
Als wir 2010 die Damen am Empfang fragten, warum denn der Bericht der zweiten Genuntersuchung nicht ausliege und der Film von ZDF und ARTE nicht ebenfalls gezeigt würde, erhielten wir zur Antwort: Dies sei in Bearbeitung (der Bericht über die zweite Genuntersuchung liegt acht Jahre zurück!), und für den Film sei keine rechtliche Zulassung zu bekommen.
Ernüchtert verließen wir das Museum und ich möchte hier unseren Musiker zitieren: *„Die ganze Ausstellung wirkt wie von oben gedeckelt. Tausend Chancen vertan."* Und man fragt sich

wirklich als Kaspar-Hauser-Kundiger: Wo bleiben die berührenden Zitate des Findlings, warum darf er fast nirgends selbst zu Wort kommen? Die Herzenswärme, die von Kaspar Hauser ausging, wird dem Betrachter vorenthalten und er wird statt dessen mit einem manipulativen, längst überholten molekularbiologischen Forschungsergebnis konfrontiert, das Kaspar Hausers Abstammung aufs Neue verleugnet.
So mag es auch nicht verwundern, wenn in einschlägigen Lexika und etlichen Büchern, auch Schulbüchern, bis heute die Tatsache des Thronanspruchs Kaspar Hausers noch immer in Zweifel gezogen oder gar als widerlegt dargestellt wird.* Angesichts der historischen und inzwischen auch naturwissenschaftlichen Beweise eigentlich unfassbar, es sei denn, man begreift diesen Umstand als Teil einer großangelegten Verleumdungskampagne.

Wie schon bei den „Schicksalsmanipulationen", die sich durch Kaspar Hausers ganzes Leben ziehen, wird auch bei seiner Verleumdung bis heute ein Aufwand betrieben, der, sofern man auf der dynastischen Ebene verbleibt, nicht mehr nachvollziehbar ist.

Okkulte Ebene

Am Abend des dritten Tages nach dem Mordanschlag am 17. Dezember 1833 ist das Ende von Kaspar Hausers Leben absehbar, und im Beisein seines Konfirmationslehrers Pfarrer Heinrich Fuhrmann bittet er noch einmal um Vergebung für alle, auch für seinen Mörder. Der besondere Zug seines Wesens, das Mitleid, leuchtet auch hier wieder auf. Es ist kaum fassbar, dass ausgerechnet er, dem so entsetzlich viel Leid zugefügt worden war, noch in seiner Sterbestunde sagte: *„Es hat mir niemand etwas getan."*[159] Dazu bemerkte sein Lehrer und

* Als stellvertretendes Beispiel möge hier der Lexikoneintrag von Meyers Kompaktlexikon 2004 angeführt werden: *„Hauser Kaspar, angebl. 1812–1833, dt. Findelkind [...], vermutete fürstl. Abkunft 1996 durch Genanalyse widerlegt".* Vom Hause Baden ist erst gar nicht die Rede, und die Widerlegung der SPIEGEL-Genalyse durch diejenige von 2002 wird einfach (genauso wie auch weitgehend vom Ansbacher Museum) ignoriert.

Freund Georg Friedrich Daumer: *„Er starb mit einer Lüge — aber es war die Lüge eines Engels."* *[160]
Wie ein schmerzliches Hinblicken auf die Mission, die er nicht erfüllen konnte, klingen Kaspar Hausers weitere Worte auf dem Sterbebett: *„Das Ungeheuer war stärker."*[161] Das Ungeheuer, der Drache, häufig auch „das Tier" oder Antichrist genannt, es war stärker als er.
Letztlich war es die uns „auferlegte" Freiheit die es zuließ, dass sich Menschen in jenes abgründige Handeln verloren, welches die Umsetzung von Kaspar Hausers Schicksalsauftrag verstümmelte. Sein Leben wurde auf diese Weise immer wieder von Gegenkräften durchkreuzt, so dass es ihm schließlich nicht mehr möglich war, dem ihm vorgezeichneten Weg zu folgen. Sein Leben wurde somit zu einem Opfergang. Vielleicht berührt uns das ihm widerfahrene Leid gerade deshalb so tief, weil es sich offenbar nicht aus einer schicksalsmäßigen Verschuldung seiner Persönlichkeit ergeben hatte**, sondern Folge von Angriffen der Gegenkräfte war.

Kaspar Hauser wurde tatsächlich alles genommen: seine Abstammung, seine Eltern, seine Geschwister und sogar eine menschengemäße Entwicklung. Er wurde seiner Kindheit beraubt, aber nicht nur das, man nahm ihm auch später noch einmal seine liebsten Menschen, indem er Nürnberg verlassen musste, Stanhope ihn zurückließ und man jenen, der seine Vergangenheit aufgedeckt hatte und für seine Rechte eintrat, Anselm Ritter von Feuerbach, umbringen ließ.***

* Kaspar Hauser, *das Kind Europas,* scheint in dieser Aussage sogar für einen Augenblick als *„Engel, als Genius Europas"* auf. Vielleicht wirft dieser Gedanke ein Licht auf die zunächst irritierende Aussage R. Steiners, der, nach der vorigen Inkarnation Kaspar Hausers befragt, zur Antwort gab, er habe *„eine frühere Inkarnation Kaspar Hausers nicht finden können".* R. Steiner zitiert in: Heyer Beiträge zur Geschichte des Abendlandes, IX. Band: Kaspar Hauser und das Schicksal Mitteleuropas im 19. Jahrhundert, Stuttgart 1964, S. 54.
** Vgl. die Frage nach der früheren Inkarnation Kaspar Hausers, vorige Fußnote.
*** Es muss jedoch davon ausgegangen werden, dass im Kontext des Geschehens um Kaspar Hausers noch mehr Menschen ihr Leben lassen mussten. So sei beispielsweise an Josephine, die erste Frau Napoleons erinnert, die um die Zusammenhänge wusste und über entsprechende Dokumente verfügte, *„die dazu angetan waren, Europa zu erschüttern,*

Kaspar Hauser verlässt schließlich die Erde in tiefer Ergebenheit mit den Worten *„Dein Wille geschehe".*[162] Mit Blick auf das Unsägliche, das ihm angetan worden war, bis hin zu seiner Ermordung in so jungen Jahren, wirft dieses Annehmen seines Schicksals in der Todesstunde noch einmal ein Licht auf die ihm innewohnende Geistesgröße. Dabei lässt sein ganzer Lebensweg erkennen, dass es um so viel für die Menschen gegangen wäre, dass so viel möglich gewesen wäre, durch ihn. Er musste sein Leben und damit seinen überpersönlichen, historischen Auftrag, als kulturbildende Kraft im Herzen Europas zu wirken, loslassen, und er tat dies offenbar in tiefstem Vertrauen — *„dein Wille geschehe".* Durch dieses Liebesopfer aber vermochte er, gemäß geistiger Gesetze, die Essenz seines Schicksalsauftrags auf immaterieller Ebene zu retten.
Hierzu bemerkt Peter Tradowsky:
„Wenn man das Treiben der Gegner Kaspar Hausers nach seinem Tode überblickt, so kann man es letztlich nur verstehen, wenn man sich klar macht, dass für sie das nachtodliche Leben eine ernstzunehmende Wirklichkeit war. So wie das Verbrechen an dem Kind Kaspar Hauser eine gewisse Erkenntnis von Vorgeburt und Inkarnation des Menschen voraussetzt, so liegt dem Kampf gegen den gemordeten Kaspar Hauser die Einsicht zugrunde, dass gerade das, was durch den Mord nicht geschichtlich Wirklichkeit werden konnte, im Tode durch die christliche Ergebenheit [...] eine wachsende Stärke für die Zukunft gewinnt." *[163]

wenn sie jemals ans Tageslicht kämen". Sie trat für Kaspar Hauser ein, indem sie sich an den Schwager seines Vaters wandte, Kaiser Alexander von Russland. Ihr plötzlicher Tod, der kurz darauf folgte, *„sollte von einem furchtbaren Zeugen befreien",* so die überlieferte Aussage eines Pair von Frankreich, der aus verständlichen Gründen anonym bleiben wollte. (Zitate in: Johannes Mayer, Lord Stanhope. Der Gegenspieler Kaspar Hausers, Stuttgart 1988, S. 158). Da war es ein Segen, dass Kaiser Alexander, der dann ebenfalls bereits 1825 unter mysteriösen Umständen in Taganrog starb, die Mutter Kaspar Hausers unter seinen besonderen Schutz stellte. (Siehe F. Walter, Stéphanie Napoleon. Lebensweg und Weggenossen, Baden-Baden 1946, S. 509.)

* In diesem Zusammenhang mag es auch nachdenklich stimmen, in welchen Dimensionen Rudolf Steiner die Gestalt Kaspar Hauser sah: „Wenn Kaspar Hauser nicht gelebt hätte und gestorben wäre, wie er tat, so wäre der Kontakt zwischen der Erde und der geistigen Welt vollkommen unterbrochen." (Rudolf Steiner, zitiert in: K. Heyer, Beiträge zur Geschichte des

Kaspar Hausers ungelebtes Leben hatte die dazugehörigen Kräfte noch nicht aufgezehrt, wodurch das Potenzial seines nicht gewordenen historischen Auftrags auf geistiger Ebene freigesetzt wurde. Darüber waren und sind sich offenbar auch seine Gegner im Klaren, was auch erklären würde, warum selbst 171 Jahre nach seinem Tod mit Hilfe einer renommierten Zeitschrift wie dem SPIEGEL der Versuch unternommen wird, Kaspar Hauser mittels Genanalyse zu einem *No-Name* zu machen. So scheint sich die These zu bestätigen, dass es tatsächlich darum geht, Kaspar Hauser selbst noch auf geistiger Ebene in den Vorstellungen der Menschen auszuradieren.
Aber letztlich ist Kaspar Hauser der Welt doch nicht „abhanden" gekommen. Es liegt vielmehr an uns, inwieweit wir wach genug sind, seinen Zukunftsimpuls aufzugreifen.

„Sie haben umsonst den harten Kampf mit der Natur
gerungen,
umsonst ein großes königliches Leben zerstörenden
Entwürfen hingeopfert.
Der Mensch ist mehr, als sie von ihm gehalten,
des langen Schlummers Bande wird er brechen
und wieder fordern sein geheiligt Recht."

So lautet denn auch die Inschrift — in Anlehnung an Schillers Don Carlos — auf einem neueren Kaspar-Hauser-Denkmal aus dem Jahre 1981 in Ansbach.*

In diesem Zusammenhang möchte ich auch die Beobachtungen anführen, die José Martinez** — dessen Wahrnehmungssensibilität offenbar bis in das Übersinnliche reicht — bezüglich Kaspar Hauser machen konnte. Demnach ist für ihn Kaspar Hauser auch heute noch wahrnehmbar als eine reale geistige Größe, die von der geistigen Seite her ihre Wirksamkeit entfaltet. In-

Abendlandes, Band IX: Kaspar Hauser und das Schicksal Mitteleuropas im 19. Jahrhundert, Stuttgart 1964, S. 287.)
* Das Denkmal befindet sich in der Platenstraße und wurde vom Ansbacher Lions-Club gestiftet.
** José Martinez ist Tierarzt und arbeitete viele Jahre in der medizinischen Forschung, ehe er Human-Osteopath wurde. Er ist Leiter medizinischer Ausbildungsgänge, deren Anliegen es ist, Naturwissenschaft und Geisteswissenschaft zu verbinden.

teressanterweise spricht er davon, dass der Kaspar-Hauser-Impuls immer mehr in Erscheinung treten werde, und zwar in Form einer Zunahme an Menschlichkeit — wobei es nicht darauf ankomme, dass diese mit seinem Name verbunden sei.[164]

Menschlichkeit drückt sich vor allem in Mitgefühl aus, jener Eigenschaft, die so tief aus Kaspar Hausers Wesen sprach. Interessanterweise zeigte sich z. B. im Frühjahr 2003 tatsächlich ein ganz neues Ausmaß an Mitgefühl, als weltweit Menschen aus allen Gesellschaftsschichten und über alle politischen Grenzen hinweg auf die Straße gingen, um einen Krieg zu verurteilen, bei dem nicht mehr der „Feind", sondern der Mitmensch gesehen wurde.* 2005 bei der Flutwellenkatastrophe in Südostasien wurde ebenfalls ein neues Gefühl von Weltsolidarität spürbar. Auf einmal war ein Empathievermögen vorhanden, das zu Hilfsaktionen ungekannten Ausmaßes aus der ganzen Welt führte. Die Beispiele lassen sich bis in die Gegenwart fortsetzen.

Aufrichtiges Mitgefühl berührt unser innerstes Menschsein und ruft uns aus freiem Entschluss zu uneigennützigem Handeln auf. Dabei sind Mitgefühl, Liebe, Verantwortungsbewusstsein und Weltsolidarität Werte, die eine neue, dringend notwendige soziale Weltordnung einleiten könnten, in einer Situation, in der angesichts immer knapper werdender Ressourcen die Weltwirtschaft auch zum Kampf aller gegen alle entarten kann.

Kräfte, die solche Impulse aus machtpolitischen und wirtschaftlichen Interessen unserem Fokus entziehen wollen, geben sich letztlich als Feinde der geistigen Evolution des Menschen zu erkennen. Heute genügt bereits ein Gang durch die Spielwarenabteilungen unserer Kaufhäuser und ein Blick in entsprechende Computerspiele, um sich darüber klar zu werden, welch seelische Verrohung offenbar für die Massen angestrebt wird. Wenn man sich zudem vor Augen führt, dass Computerspiele ursprünglich zum Training amerikanischer Soldaten entwickelt wurden, um die natürliche menschliche Hemmschwelle, seines-

* Gemeint ist hier der Irakkrieg der USA und deren Verbündeten von 2003. Es demonstrierten in 50 Staaten und über 600 Großstädten der Welt insgesamt 6 Millionen Menschen gegen diesen Krieg. Allein in Berlin waren es 500.000, in Madrid und London 1,5 Millionen und in Rom sogar 3 Millionen Demonstranten!

gleichen umzubringen, aufzuheben,* wird unverkennbar, welche Entmenschlichung bereits in den Kinderzimmern um sich greift. Empathie und Mitgefühl werden unseren Kindern mit derartigem Spielzeug geradezu abtrainiert, während man sie in einer simplen Polarisierung daran gewöhnt, die „Bösen" oder das Störende per Knopfdruck zu vernichten.
Kaspar Hausers Wesen sowie der mit ihm verbundene *Kaspar-Hauser-Impuls* stehen in krassem Gegensatz zu solchen menschenverachtenden, bewusstseinsfeindlichen Macht- und Wirtschaftsinteressen. In Kaspar Hauser konnte man reiner Menschlichkeit begegnen, und sein Schicksal war ganz offensichtlich von überpersönlicher Bedeutung, von menschheitlichem Belang. Wie sonst könnte er so lange die Gemüter bewegen, bis in unsere Tage?
— Mit Kaspar Hauser wurde demnach Europa um mehr als einen badischen Kronprinzen betrogen, mit ihm wurde ein Impulsträger umgebracht.**

Bei Kaspar Hauser haben wir es mit einem Phänomen zu tun, also mit etwas, für das bestehende Erklärungsmodelle unzureichend sind. Die Existenz eines derartigen Phänomens wird demnach in einer auf das Materielle reduzierten Wissenschaftswelt auch nur derjenige bestehen lassen können, der in sich selbst gegründet ist. Anderenfalls tendieren wir dazu, auf die „Notlösung" unseres Verstandes zurückzugreifen, indem wir einfach das Phänomen demontieren, um unseren begrenzten Horizont nicht in Frage stellen zu müssen — was im Fall Kaspar Hauser angesichts der vielen Verleumdungskampagnen ein Leichtes ist. Wie sonst lässt sich der Eifer der Kaspar-Hauser-Gegner, von der okkulten Täterschaft einmal ganz abgesehen, verstehen,*** einem Kind, das zweifelsohne misshandelt und umgebracht wurde, das Mitgefühl zu entziehen?

Historisch gesehen hat es Lord Stanhope, der ganz offensichtlich auch im Dienst anderer Herren stand, zu einer tragischen

* Diese Hemmschwelle lässt Soldaten, wenn sie ihnen nicht abtrainiert oder anderweitig unterdrückt wird, im Kampfeinsatz offenbar häufig „unwillkürlich" daneben zielen.
** Siehe auch den Abschnitt „Nichtgewordene Geschichte", S. 155.
*** Beispielsweise im Internet, siehe auch Fußnote S. 136.

Meisterschaft in der Verleumdung Kaspar Hausers gebracht. Es ist beschämend, wie er gleich nach Kaspars Tod Nürnberg aufsucht, um Reisig für einen Scheiterhaufen zusammenzutragen, den er für seinen ermordeten Pflegesohn anzünden will.[165] Kaspar Hauser hatte so lange verzweifelt auf ihn gewartet — aber erst jetzt, nach seinem Tod, taucht Lord Stanhope wieder für alle sichtbar im Umfeld des Betrogenen auf. Dabei bleibt es nicht aus, dass der Lord im Zuge seiner Verleumdungskampagne auch die Familie Georg Daumers aufsucht. Als dessen Mutter ihn inständig bittet, den armen Kaspar doch nicht mit Schimpf und Schande zu bedecken, soll dieser nur erwidert haben: *„Es schadet ihm ja nichts mehr."* Hierbei wurde er allerdings rot im Gesicht, versuchte plötzlich seinen Besuch abzukürzen und rannte schließlich die Treppe hinunter. So Daumers Beschreibung, in dessen Haus sich der Lord seither nicht mehr blicken ließ.[166]

Das Erröten ist ja bekanntlich ein Indiz dafür, dass eine Diskrepanz zwischen dem Geäußerten und dem Gefühlten beziehungsweise dem Gewussten besteht. Offenbar wusste Lord Stanhope genau, worum es bei seinem neuen Auftrag ging, nämlich Kaspar Hauser möglichst auch auf geistiger Ebene seiner Wirkmächtigkeit zu berauben. Das gewaltsam zurückgehaltene Potenzial des „Kindes von Europa", dessen Zukunftsimpuls nun als geistige Kraft freigesetzt war, durfte unter keinen Umständen in den Herzen der Menschen auf fruchtbaren Boden fallen.

„Er wird so mächtig im Tode sein, als er ohnmächtig im Leben war",[167] diesem geistigen Prinzip, das auch Jakob Wassermann* mit obigen Worten erfasste, sollte anscheinend mit allen zur Verfügung stehenden Mitteln entgegengewirkt werden. Dabei ist es Daumer offenbar nicht entgangen, dass Lord Stanhope letztlich als ein *„Organ okkulter Intrigen"* agierte.[168] Inwieweit Lord Stanhope, den der Offenbacher Kaspar-Hauser-Forscher Dr. Biedermann als *„angelsächsischen Logenagenten"*[169] bezeichnet, selbst das Opfer okkulter Praktiken geworden war beziehungsweise als Gegenspieler Kaspar Hausers instrumentalisiert wurde, mit der außergewöhnlichen Fähigkeit,

* Jakob Wassermann war nach dem Ersten Weltkrieg einer der meistgelesenen Autoren. Sein Roman, „Caspar Hauser oder die Trägheit des Herzens" von 1909 wurde von den Nationalsozialisten verboten.

so viele Menschen zu blenden, muss dahingestellt bleiben. Es soll jedoch — neben seiner äußerst problematischen Kindheit — nicht unerwähnt bleiben, dass er 1812 — nur wenige Monate vor Kaspars Geburt —, als er mit einunddreißig Jahren seine politische Laufbahn nach einer Unterbrechung gerade wieder aufgenommen hatte, auf Sizilien einen „Anfall" erlitt. Dieses Ereignis war für ihn derart einschneidend, dass es ihn zeitlebens mit Grauen erfüllte. In einem Brief an seine Mutter berichtete er von einem ziemlichen Schock, heftigen Krämpfen, die ihn fürchterliche Schreie ausstoßen ließen, Todesangst und einer sich anschließenden Ohnmacht, die ihn für kurze Zeit seinem Leibesgefüge entrissen habe. Die einzelnen Stadien des Vorgangs waren Lord Stanhope während des Anfalls erstaunlicherweise voll bewusst, weshalb Fachleute in einem solchen Fall von einer „bewusst erlebten Besessenheit" sprechen.[170] Auf körperlicher Ebene blieb dieses Geschehen für ihn jedoch ohne weitere Folgen und es trat in seinem ganzen weiteren Leben auch nie wieder ein ähnlicher Zustand bei ihm auf.
In diesem Zusammenhang sollte uns allerdings das Urteil des Historikers Johannes Mayer* hellhörig machen, welches besagt, dass Lord Stanhope trotz *„überdurchschnittlicher Intelligenz"* über *„keinerlei tiefere Fähigkeiten oder Einsichten"* verfügte und eher einen Bewusstseinshorizont besaß, der *„zwischen banalen und hochtrabenden Allerweltsweisheiten"* verlief, *„die nirgendwo die Kontur einer großen Persönlichkeit erkennen lassen".*[171] Demnach fehlte Lord Stanhope — dem überdurchschnittlich Intelligenten, der mehrere Sprachen fließend beherrschte und in Europa an einschlägigen Höfen verkehrte — jene Kontur, die eine große Persönlichkeit ausmacht, ein eigenständiges Ich, auf dem letztlich unsere Selbstbestimmung basiert — im Gegensatz zur Fremdbestimmung. So ist nicht auszuschließen, dass auch Lord Stanhope auf tragische Weise seiner Lebensaufgabe entfremdet und seine Schicksalsbindung an Kaspar Hauser in ihr Gegenteil verkehrt wurde.

Georg Friedrich Daumer jedenfalls fühlte sich durch die Verleumdungskampagne Lord Stanhopes und der vernichtenden

* Der Historiker Johannes Mayer veröffentlichte 1988 eine aufwändig recherchierte Biografie Lord Stanhopes, die über 650 Seiten umfasst.

Veröffentlichung von Julius Meyer 1872** erneut dazu aufgerufen, für Kaspar Hauser einzutreten, obwohl sich seine eigenen körperlichen Kräfte schon dem Ende zuneigten. Dabei versah er seine Ausführungen, die dann bereits 1873 erschienen, mit einem ergreifenden Widmungsgedicht, aus dem hervorgeht, wie sehr er sich in seinem Eintreten für den Findling auf einen höheren Auftrag beruft. Er schreibt: *„Wer an Einwirkungen Verstorbener auf die Seele lebender Menschen glaubt, mag wohl geneigt sein, hier etwas der Art anzunehmen."*[172]
Der Text ist so verfasst, als habe sich die Seele Kaspar Hausers mit der Bitte an seinen noch lebenden Freund und Lehrer gewandt, die Auslöschung seines „Wesensbildes" durch die Schrift Julius Meyers zu verhindern.
Die tiefe Verbundenheit Daumers mit der Seele Kaspar Hausers, wird auch hier noch mal greifbar.

„Zu Ende geht mein Erdenlauf,
Bald wird die letzte Kraft ermatten;
Da steigt noch einmal vor mir auf,
Du armes Kind, dein blut'ger Schatten.
Dein Geistermund, er haucht mir zu:
‚O Du mein Freund zu allen Zeiten,
Mein Kämpfer und mein Schützer Du
In allen noch so harten Streiten!

Ich war — das ist Dir tief bewusst —
Gräu'lhaft zu handeln nie im Stande;
Der Eine traf mich in die Brust,
Die Andern deckten mich mit Schande.

Du strittest hier, du strittest dort;
Der Sieg der Unschuld war entschieden;
Und ich in meinem dunklen Port
Schlief wiederum in tiefem Frieden.
Doch nimmer ruht der Hölle List,
Der Hölle Grimm auf dieser Erden;
Aufs Neue nach so langer Frist
Soll ich beschimpft, zertreten werden.
Laß Deine Lieb und Deinen Mut

** Siehe S. 137f.

Mich auch in diesem Kampf erproben;
Nimm mich auch jetzt in Deine Hut!
Nicht fehlen wird die Kraft von oben.'

Du sprichst es, und ich bin zur Hand;
Ich und mein Schwert wir sind die alten,
Und heilig ist der Treue Band;
Wir werden unser Amt verwalten."[173]

Ansbach 1873

Mit der zweiten Kunstaktion **„Pfingstmontag in Nürnberg"** möchte ich hier anknüpfen. Sie ist auf dem Nürnberger Unschlittplatz vorgesehen, jenem Platz also, auf dem Kaspar Hauser zu Pfingsten 1828 erstmalig auftauchte. An einem Pfingstmontag soll dort die sargähnliche Kiste (aus der ersten Kunstaktion, siehe S. 16) mit der Aufschrift Kaspar Hauser abgestellt werden. Der geöffnete „Sargdeckel" würde dabei mit einem entsprechend drapierten Tuch den Blick auf einen Kunstdruck mit der Auferstehungsszene von Matthias Grünewald* freigeben. Dies wird befremdlich wirken, wie seinerzeit das Auftauchen des Unbekannten selbst. Eine leere, sargähnliche Kiste mit geöffnetem Deckel, drapiertem Tuch, der Auferstehungsszene Grünewalds und dem Namenszug *Kaspar Hauser* auf dem Unschlittplatz?
Dies kann als ein Bild aufgefasst werden für die Unsterblichkeit jenes Gemordeten sowie für die Auferstehungskraft seines verhinderten und noch nicht zur Umsetzung gelangten geistigen Impulses.

Nicht gewordene Geschichte

Stellen wir uns vor, Goethe wäre bereits als siebenjähriges Kind gestorben und seine geistige Hinterlassenschaft wäre ausgeblieben, nichts von ihm wäre vorhanden, keine Dichtkunst, kein „Faust", keine seiner naturwissenschaftlichen Schriften, und auch sein neuer, umfassender Blick auf die Welt hätte nie stattgefunden. Zweifelsohne wäre unsere Geistesgeschichte ärmer und es würde ihr etwas fehlen.
Kaspar Hauser konnte durch die ihm verwehrte natürliche Entwicklung und seinen vorzeitig erzwungenen Tod nicht zur vollen Reife seiner groß angelegten Persönlichkeit gelangen. Auf ihn trifft letztlich zu, was wir uns gerade in Bezug auf Goethe vorzustellen versuchten. In diesem Sinne ist Kaspar Hauser tatsächlich schon als „Kind" gestorben, denn von seinen einundzwanzig Lebensjahren hat er im Grunde nur sieben wirklich gelebt (seine frühe Kindheit mitgerechnet).
„Silbern sank des Ungeborenen Haupt hin" — in diese Worte kleidete Georg Trakl demnach auch in seinem „Kaspar Hauser

* Isenheimer Altar, Colmar (um 1513).

Lied" die Tragik, die mit dem vereitelten Schicksal des „Kindes von Europa" verbunden ist. Was alles durfte wohl nicht Wirklichkeit werden?
Was das Nichtgewordene in historischer Hinsicht anbelangt, möchte ich an dieser Stelle noch einmal Rudolf Steiner zu Wort kommen lassen, der nämlich sagte: *„[...] man kann die Geschichte nicht kennenlernen, wenn man nur dasjenige notifiziert, was sich zeigt*; *[...] weil die Menschen [...] niemals fragen: was hätte geschehen können?, deshalb können sie die Ereignisse nicht in ihrem wahren Wirklichkeitswert beurteilen".*[174]
Alles Gewordene ist letztlich umgeben von einem „Nicht", das dazugehört und aus all den Möglichkeiten besteht, die nicht realisiert wurden. Und es ist genau dieses „Nicht", das bei der Gestalt Kaspar Hausers unüberhörbar präsent ist. Blicken wir auf seine Biografie, so begegnen wir nicht seinen Werken und Taten, sondern wir werden mit dem Verhinderten konfrontiert. In diesem Zusammenhang ist interessant, dass Rudolf Steiner noch kurz vor seinem Tod in einem Gespräch mit einem seiner engsten Mitarbeiter, Graf Ludwig von Polzer-Hoditz,[175] darauf hinwies, dass die Lösung der Frage: *Woher kam Kaspar Hauser, was wurde durch ihn gewollt?*[176] für die Zukunft von besonderer Wichtigkeit sei. Da Steiner schon ausgesprochen hatte, dass Kaspar Hauser sich, *„1812 als Sohn des badischen Großherzogs Karl und seiner Gemahlin Stefanie von Beauhernais inkarniert"* habe,[177] ist entsprechende Antwort auf die erste Frage wohl eher auf der Ebene zu suchen, die bereits auf Seite 146 (Fußnote *) angeklungen ist. Deshalb soll hier nun auf die Bedeutung der zweiten Fragestellung eingegangen werden: *Was wurde durch ihn* (Kaspar Hauser) *gewollt?*
Die Beantwortung dieser Frage führt uns zurück zu jenem Impuls, dessen Verwirklichung offenbar durch das „Ausfallen" Kaspar Hausers auf politischer Ebene ausgeblieben ist. Steiners Aussage folgend soll gerade das für unsere Zukunft von besonderer Relevanz sein. So geht es wahrscheinlich selbst heute noch um das Aufgreifen des mit Kaspar Hauser Intendierten — womöglich sogar als zentralen Ansatzpunkt für die Lösung grundsätzlicher Probleme, an denen unsere Gesellschaft krankt.* Mit Sicherheit aber kann die Antwort auf die Frage *„Was wurde durch ihn gewollt?"* dazu beitragen, die dra-

* Siehe S. 13f., Dreigliederung der Gesellschaftsordnung.

matischen Ereignisse, von denen Europa im weiteren Verlauf der Geschichte heimgesucht wurde, besser zu begreifen, was im Folgenden versucht werden soll.

Die allgemeine Ignoranz oder Naivität gegenüber der geistigen Seite des irdischen Geschehens, und damit die Nicht-Aufnahme geistiger Impulse, hat für uns schwerwiegende Konsequenzen. Denn längst wäre es an der Zeit, zu einem „geistigen Realismus" vorzudringen, wie Bernard Lievegoed* bemerkt. In diesem Sinne ist auch jene Aussage Steiners hinsichtlich des Ersten Weltkriegs zu verstehen, dass das Chaos der Gegenwart *„aus ungeistiger Erfassung der Wirklichkeit"*[178] entstanden sei. Das irdische Geschehen, das Potenzial einer historischen Situation, kann also nur in Verbindung mit einer geistigen Intention sinnvoll erfasst werden. Doch genau diese Dimension einer geistig-intentionalen Ebene wird als abwegig, da „unbeweisbar", abgetan, nicht nur aus Unwissenheit, sondern auch von jenen, die in bester Kenntnis der Zusammenhänge alles daransetzen, das geschichtliche Geschehen und die geistige Entwicklung der Menschen zu manipulieren. Tatsächlich ist es gelungen, die Dimension jenseits der Materie aus dem heutigen Bewusstsein der Menschen derart auszugrenzen, dass den meisten bereits die Begriffe fehlen, um das Geistige in einer zeitgemäßen Weise überhaupt noch als Realität erfassen zu können. Oder anders ausgedrückt: Die geistige Dimension ist für das Gros der Menschen nicht mehr alltagskompatibel.
Dies betrifft zum Beispiel auch das nachtodliche Geschehen. Von der Kirche wird hier zwar unter gewissen Voraussetzungen ein tröstliches Leben durch die göttliche Gnade in Aussicht gestellt, doch da diese Paradiesvorstellungen letztlich nicht mehr unserem heutigen Bewusstseinsstand entsprechen, wächst die Zahl derer, die diese Weltsicht nicht mehr zu befriedigen scheint. Leider müssen aber diejenigen, die sich von bloßen Glaubensvorstellungen emanzipieren und ihren Glauben mit Erkenntnissen aus anderen Weisheitsquellen zu verbinden suchen, bis heute zum Teil noch mit der Ausgrenzung aus entsprechenden religiösen Gemeinschaften rechnen. Denn aus traditionell kirchlicher Sicht wird noch immer vermittelt, dass wir der Hybris verfallen seien, wenn wir — von „Erbsünde" be-

* Zur Person Prof. Dr. Bernhard Lievegoed siehe S. 188.

lastete Menschen — weiterführende Fragen stellen, da letztlich doch alles der göttlichen Gnade obliegt. Das soll nicht heißen, dass die Kirche nicht auch auf akademischer Ebene hochintellektuell Fragen zu beantworten sucht, wobei aber deren Beantwortung nach wie vor an vermeintlich unumstößliche Glaubenssätze (Dogmen) gebunden zu sein bleibt.
Wer heute dennoch nach transzendentaler Erkenntnis strebt, muss darüber hinaus in Kauf nehmen, auch von nichtkirchlicher Seite intellektuell angegriffen zu werden. Das Bestreben, dem Sinn unseres Lebens auf den Grund zu gehen, wird hier dann als absurdes Unterfangen hingestellt, da es ja auf keiner naturwissenschaftlich gesicherten Grundlage erfolgen könne.* Wobei das Dilemma darin besteht, dass die Naturwissenschaft lieber den Bereich jenseits der Materie komplett leugnet, als anzuerkennen, dass auch sie mit ihren auf physikalische Messungen ausgelegten Forschungsinstrumenten an eine natürliche Grenze stößt. Jenseits dieser Grenze sind selbstverständlich über das Materielle hinausreichende „Wahrnehmungsinstrumente" erforderlich.** Da es dann aber um die Erforschung des Geistigen geht, kann diese auch nur auf geistiger Grundlage erfolgen. Tatsächlich besitzt der Mensch die Fähigkeit, sich durch innere Schulung zu sensibilisieren und in sich „geistige Wahrnehmungsorgane" auszubilden, die es ihm ermöglichen, sich auch die Bereiche jenseits des Physischen zu er-

* Dabei zeugt es von einer ungeheuren Naivität (oder sollte man besser Arroganz sagen?) jener Naturwissenschaftler, die das Gehirn des Menschen sezierten, um zu der abschließenden Aussage zu kommen, dass man keinen Geist gefunden habe. Aus geisteswissenschaftlicher Sicht stellt das Gehirn lediglich die materielle Voraussetzung für das Wirken des Geistes auf physischer Ebene dar. Da in Versuchen nachgewiesen werden konnte, dass ein Handlungsimpuls bereits im Gehirn messbar ist, noch bevor wir uns der Intention zu dieser Handlung bewusst sind, drehen sich die neuesten Diskussionen in der Hirnforschung bereits um die Illusion von der Freiheit des Menschen. Der Rückschluss jedoch, dass die menschliche Freiheit auf Grund obiger Versuchsergebnisse eine Illusion sei, macht nur deutlich, wie sehr die moderne Naturwissenschaft eines Paradigmenwechsels bedarf, der den Geist, der jenseits allen Messbaren ursächlich wirkt, als wesentlichen Bestandteil der menschlichen Konstitution einbezieht.
** Ganz abgesehen davon, dass letztlich auch jede naturwissenschaftliche Beobachtung oder Versuchsanordnung ohne Beteiligung des Bewusstseins (Geist) des Forschers undenkbar ist. (Messinstrumente stellen von sich aus keine Fragen!)

schließen. Diese Tatsache wird in der Regel ignoriert, obgleich sich diese Fähigkeit des Menschen schon lange bewährt hat. Nicht umsonst fand sie denn auch in verschiedenen spirituellen Traditionen und Übungsmethoden ihren Niederschlag. So können wir dort immer wieder auf Menschen stoßen, die sich durch *Geistesgegenwart** auszeichnen weil sie es ohne Phantasterei verstehen, mit der allumfassenden Wirklichkeit — die das Geistige mit einschließt — in einer bewussten, lebendigen Verbindung zu sein.**
Bei einer eingehenden Auseinandersetzung mit Kaspar Hauser scheinen wir jedenfalls nicht umhin zu kommen, auch die Bereiche jenseits der Grenze unserer irdischen Existenz zu beleuchten, denn die Tragik seines Erdenweges berührt unverkennbar das Vorgeburtliche und Nachtodliche sowie die Frage nach der Intention unseres Daseins. Nur so wird es überhaupt möglich, die okkulte und damit maßgebliche Seite der Schicksalsmanipulationen, die an Kaspar Hausers Leben vorgenommen wurden, zu verstehen. Wir werden also durch die Auseinandersetzung mit Kaspar Hauser mit genau jenen Fragen konfrontiert, die unser Menschsein zutiefst berühren, Fragen, die für jeden von uns äußerst relevant sind, die aber in unserer Kultur gleich von zwei Seiten, der kirchlichen und der naturwissenschaftlichen, sabotiert werden. Dabei geht es im Kern doch darum, das Mysterium Mensch zwischen Geist und Materie zu begreifen und zu realisieren, welch unausweichliche Eigenverantwortung das Leben mit sich bringt.

Ein nochmaliger Rückblick auf den Kontext, in den hinein sich Kaspar Hauser 1812 inkarnierte, mag für die weitere Beantwortung der Frage *„Was wurde durch ihn gewollt?"* erhellend sein.
So stoßen wir auf einen außergewöhnlichen Gründungsimpuls für die Stadt Karlsruhe (1715), gefolgt von einem immensen Gebietszuwachs Badens bis zur Geburt des Erbprinzen 1812.*** Hinzu kommt, dass unter der Regentschaft Karl

* Jenseits diffuser Medialität.
** An dieser Stelle sei auf das Buch *„Wie erlangt man Erkenntnisse der höheren Welten?"* von Rudolf Steiner verwiesen, das seit über hundert Jahren nichts an seiner Aktualität eingebüßt hat.
*** Siehe Bild I und II.

Friedrichs (1746–1811) Karlsruhe zum Zentrum des kulturellen Lebens wird, und bereits damals — mit inspiriert durch die herausragenden Persönlichkeiten seiner Zeit — eine zukunftsweisende Gesetzgebung die Politik bestimmt. Das Land Baden entwickelt sich geradezu zu einem Musterstaat, der durch den Vater des Erbprinzen noch kurz vor seinem Tod 1818 die liberalste Verfassung ganz Deutschlands erhält. Zudem ist der familiäre Kontext, in den Kaspar Hauser hineingeboren wird, durch ein sich über ganz Europa ausbreitendes Verwandtschaftsnetz dazu prädestiniert, eine Schlüsselrolle im damaligen historischen Geschehen einzunehmen.
Es ist also offensichtlich, welch ungeheures Potenzial und welche Anknüpfungsmöglichkeiten für Kaspar Hauser als zukünftigen Regenten im Badischen Königshaus bereitstehen.*
Tatsächlich wird Baden 1848 zum Ausgangspunkt der deutschen Revolution. Kaspar Hauser wäre in dieser Zeit des Umbruchs, in der sich ein neuer politischer Wille des Volkes aussprach, Badischer Großherzog gewesen, sechsunddreißig Jahre alt und bereits — davon dürfen wir ausgehen — in Regierungsgeschäften erfahren. Innere Reife und äußere Legitimation wären womöglich am Badischen Hof in einer herausragenden Persönlichkeit vereint gewesen, und dies in jenem historischen Moment, als die deutsche Nationalversammlung von 1848/49 in der Frankfurter Paulskirche tagte. Dort konferierte ein Parlament, das in seiner Zusammensetzung wohl einmalig gewesen sein dürfte, weil in ihm die tatsächliche kulturelle Elite des damaligen Deutschland im Geist des Idealismus versammelt war. Hier wurde versucht, aus tiefer innerer Verpflichtung — auf höchstem geistigen und moralischem Niveau — die Lösung der politischen Probleme voranzubringen. Das heißt, es wurde darum gerungen, das Ideelle mit dem Rationalen in einer neuen Gesellschaftsordnung zu verbinden.
Wenn es schon damals, in Anbetracht der Industrialisierung in Mitteleuropa, durch eine entsprechende soziale Gesetzgebung gelungen wäre, weiterführende Freiheitsrechte zu garantieren und die Menschen, im Kontext eines gesunden Fortschritts, vor Ausbeutung zu schützen, hätte der Fortgang der Geschichte vermutlich ein ganz anderes Gesicht bekommen. Eine stabilisierende Kraft in Mitteleuropa hätte zweifelsohne viel Positives

* Siehe Bild I und II.

bewirken können, zumal davon ausgegangen werden kann, dass eine gelungene Antwort auf die politischen Herausforderungen der damaligen Zeit nicht ohne Einfluss auf die benachbarten Länder geblieben wäre.
Der unglückliche Verlauf der Revolution von 1848 ist nicht zuletzt darauf zurückzuführen, dass eine einflussreiche Persönlichkeit fehlte, die es verstand, beispielhaft auf die Anforderungen von damals zu antworten.[179]
Richard Wagner, der tief mit dem deutschen Volk und dessen geistesgeschichtlicher Aufgabe mitfühlte,* forderte so auch 1849: *„Der König solle selbst sein Land zum Freistaat erklären und dann an seine Spitze treten."*[180]
Doch solch ein König fand sich nicht: es fehlte in entsprechender Position eine inspirierte Persönlichkeit, die eine Überleitung des Fürstenwesens in etwas wirklich qualitativ Neues wagte.

Es scheint, als blickten wir hier auf das Feld, das Kaspar Hauser und seine Mitstreiter hätten bearbeiten wollen. Wir müssen zudem davon ausgehen, dass das Schicksal einer großen Anzahl von Menschen mit der Persönlichkeit Kaspar Hausers am Badischen Hof „gerechnet hatte". Aus seinem „Nichtvorhandensein" resultierte somit auch für viele die Tragik, dass sie ihren Schicksalsauftrag ebenfalls nicht ergreifen konnten, da der für ihr Leben entscheidende Anknüpfungspunkt ausgeblieben war.
Es wird deutlich, dass neben dem fast zeitgleich mit Kaspar Hauser geborenen Richard Wagner auch noch anderen außergewöhnlichen Persönlichkeiten im historischen Geschehen etwas fehlte, das nicht durch geistlose Machtbestrebungen und unmenschliche Wirtschaftsziele zu ersetzen war.[181] Karl Heyer, promovierter Jurist und Historiker (1888–1964), führt beispielsweise auch das tragische Schicksal des Bayernkönigs Ludwig II. auf das Fehlen der Wirksamkeit Kaspar Hausers zurück. Es scheint, so Heyer, als hätte Ludwig II. für seinen Lebensweg nicht das vorgefunden, woran sein eigener Lebensauftrag hätte anknüpfen können. Folglich blieb ihm das Geschehen seiner Zeit abstoßend fremd. In Ludwig II. können wir somit das Bild

* Seine viel diskutierte Haltung zum Judentum soll hier nicht thematisiert werden, könnte aber durchaus auch mit dem Ausbleiben des Kaspar-Hauser-Impulses zusammenhängen (siehe nachstehende Seiten).

einer heimatlosen Seele finden, die keinen anderen Ausweg sah, als sich in eine Phantasiewelt zu flüchten, *„[...] weil der große spirituelle Einschlag ausgeblieben war, mit dem sich eine Seele seiner Art hätte verbinden können".*[182]

Bei der Betrachtung weiterer geschichtlicher Zusammenhänge, die möglicherweise auf das verwirkte Schicksal Kaspar Hausers zurückzuführen sind, scheint mir eine Äußerung Rudolf Steiners bemerkenswert, die sich auf Bismarck und die Gestaltung der mitteleuropäischen Verhältnisse bezieht. Steiner soll gesagt haben, das Wirken Bismarcks sei durch die Tragik gekennzeichnet, dass der für ihn vorgesehene „Partner" im entscheidenden historischen Augenblick nicht mehr existierte: Kaspar Hauser.[183]
Demzufolge habe sich Bismarck, der gut zwei Jahre nach Kaspar Hauser zur Welt kam, für sein politisches Wirken notgedrungen mit einem anderen Regenten verbinden müssen. Für Bismarck wurde, so gesehen, Wilhelm I. nur zu einem „Ersatzpartner" im historischen Wirken, zu einer „Notlösung des Schicksals".[184] Dieser Verbindung Bismarcks mit Wilhelm I. fehlte aber, laut Steiner, der geistige Impuls, weshalb Bismarck nicht zu seinem *höheren Auftrag* erwachen konnte. Aus diesem Grund sei mit der Gründung des Deutschen Reiches im Jahr 1871 lediglich ein *politisch-militärisches Gebilde* entstanden, was für viele außerordentlich enttäuschend war. Anscheinend spürten die Menschen, dass sie um ein Stück zeitgemäßer Weiterentwicklung der Verhältnisse betrogen worden waren und dass sie von einem notwendigen, längst schon vorbereiteten Fortschritt plötzlich wie abgeschnitten wurden.
Einer der wenigen, der dies auch begrifflich fassen konnte, war Friedrich Nietzsche, denn er spricht bezüglich der Reichsgründung Bismarcks von einer *„Exstirpation des deutschen Geistes zugunsten des ‚deutschen Reiches'".*[185] Dass mit der Ausschaltung Kaspar Hausers jene „Austreibung" eines weiterführenden Geistes im Herzen Europas schon so gut wie besiegelt worden war, ahnte er freilich nicht.[186]
Welch Meisterstück der okkulten Gegnerschaft, völlig unbemerkt durch die Beseitigung Kaspar Hausers eine Situation hervorzurufen, die zu einer neuen Kausalkette führt! Dabei erscheint dem Betrachter der historischen Geschehnisse im Rückblick alles plausibel (z. B. die Verbindung zwischen Bis-

marck und Wilhelm I.), da der Fluss der Geschichte, auch wenn ihm sein vorgeformtes Bett genommen wird, nicht einfach versiegt, sondern sich neue Wege sucht.
Des Weiteren macht Karl Heyer darauf aufmerksam,[187] dass neben Kaspar Hauser offensichtlich noch eine andere Persönlichkeit an ihrer politischen Wirksamkeit gehindert werden musste, um eine zeitgemäße Weiterentwicklung der Gesellschaftsordnung zu vereiteln: Ferdinand Lassalle. Diese eminent politisch begabte, von Bismarck außerordentlich geschätzte Persönlichkeit hätte es womöglich doch noch vermocht, in diesem seinen „höheren Auftrag" wachzurufen. Der 1825 geborene Lassalle war zutiefst von den Idealen der Französischen Revolution durchdrungen und fühlte sich zugleich dem Deutschen Idealismus sehr verbunden. Somit ist ein Bezug zu Kaspar Hausers ursprünglicher Bestimmung unschwer zu erkennen. Hätte nicht Kaspar Hausers Herz ähnlich geschlagen, als Sohn einer Französin sowie als Nachfahre jenes Hofes, an dem seinerzeit die herausragenden Persönlichkeiten des Deutschen Idealismus verkehrten?
Ferdinand Lassalle verstand (anders als Marx) den Staat als *„Einheit der Individuen in einem sittlichen Ganzen",* und er definierte dessen Zweck in der Erziehung und Entwicklung des Menschen zur Freiheit.[188] So hatte Lassalle erkannt, dass es für die politische und soziale Weiterentwicklung Mitteleuropas unerlässlich war, über die rein physisch-materielle Absicherung der Menschen hinauszukommen. Er hatte erkannt, wie dringend notwendig es war, endlich auch geeignete gesellschaftliche Voraussetzungen für mehr Freiheit und Selbstverantwortung des Individuums zu schaffen. Dabei war er davon überzeugt, dass man nur so dem im Menschen veranlagten Evolutionsprinzip gerecht werden könne. Folgerichtig wurde Lassalle 1863 Mitbegründer der ersten selbstständigen deutschen Arbeiterpartei und er wurde deren erster Präsident, bis im darauffolgenden Jahr auch sein Leben gewaltsam beendet wurde.*

Bei einer Geschichtsbetrachtung, die das, was historisch möglich gewesen wäre, mit einbezieht, lässt sich tatsächlich der Eindruck gewinnen, dass durch den Wegfall Kaspar Hausers

* Er starb 1864 mit neununddreißig Jahren an den Folgen eines „Duells".

sowie Ferdinand Lassalles anstelle geistig-sozialer Impulse die *„materialistisch verhaftete Schattenkraft des Marxismus"*[189] entstehen konnte. Rudolf Steiners weiteren Aussagen zufolge ergaben sich für Bismarck dadurch, dass auch Lasalle als politisches Gegenüber nicht mehr vorhanden war, schwerwiegende Einschränkungen in seinen Handlungsmöglichkeiten: *„Mit den sozialistischen Parteien, die sich bald nach Lassalles Tode nicht unter der Führerschaft eines lebendigen Menschen, sondern unter den abstrakten Theorien Marxens als politischer Faktor geltend machten, konnte Bismarck nichts anfangen. Wäre ihm Lassalle als Machtfaktor, mit den Arbeitern als diese Macht gegenübergestanden: Bismarck hätte den* sozialen Staat *mit dem König an der Spitze gründen können. Mit Parteidoktrinen wusste aber Bismarck nichts anzufangen."*[190]
Ein besonderer Wesenszug Bismarcks war seine Wahrhaftigkeit. Er verabscheute Diplomatenphrasen, was ihm sogar den Ruf einbrachte, man müsse sich vor ihm in Acht nehmen, weil er meine, was er sage.[191] Er handelte pragmatisch und war von dem starken Willen durchdrungen, seinem König treu zu dienen und aus der aktuellen politischen Situation das Beste zu machen, was der Augenblick zuließ.
Es lässt sich nur erahnen, was aus einer Verbindung Bismarck–Hauser hätte entstehen können: Geniale politische Könnerschaft, vereint mit einem inspirierten einflussreichen Visionär, „Seiner königlichen Hoheit Großherzog von Baden", Kaspar Hauser. Es ist gut vorstellbar, dass dann — herausgefordert durch ein Zusammentreffen mit einer von Lassalle geführten Arbeiterschaft — tatsächlich der Durchbruch zu einer zeitgemäßen Lösung der politischen und sozialen Fragen gelungen wäre.
So gesehen war die okkulte Gegnerschaft in der Tat darin erfolgreich gewesen, weitgehend unbemerkt die entscheidenden Impulsgeber vom historischen Geschehen abzuziehen, um die Verwirklichung geistig-sozialer Impulse ins Leere laufen zu lassen. Die Persönlichkeiten, auf die es wahrhaft ankam, waren schlichtweg im entscheidenden historischen Moment nicht mehr vorhanden.
Demnach konnte es der Politik* auch nicht gelingen, sich zur „Staatskunst" aufzuschwingen und die Gesellschaft auf der Ba-

* Politik ist laut Brockhaus *„die Kunst des sozialen Zusammenlebens"*.

sis der vorhandenen Ideen umzugestalten. Der Zeitgeist fand keine politische Umsetzung, oder anders ausgedrückt, *„[...] das politische Leben blieb ideenlos, vom Geist nicht befruchtet".*[192] Und anstelle einer Spiritualisierung des gesellschaftlichen Lebens entwickelte sich somit der Spiritismus, ein abschreckendes Gegenbild wahrhafter Spiritualität.[193]
Die vereitelte geistig-soziale Entwicklung führte schließlich zu einer unüberwindbaren Kluft zwischen Adel und Bürgertum auf der einen sowie Bauern und Proletariat auf der anderen Seite. Das Unterbinden einer politischen Wirksamkeit Kaspar Hausers und damit aller Wahrscheinlichkeit nach die Verhinderung einer grundlegenden Umgestaltung der politischen und sozialen Verhältnisse kann angesichts des tragischen weiteren geschichtlichen Verlaufs wie ein Verrat am deutschen Volk empfunden werden.

Rückblickend lässt sich der Bruch, der auf die Goethezeit folgte, unschwer erkennen. Die Entwicklung scheint plötzlich wie abgeschnitten von dem, was an Gedanken, Ideen und Idealen noch in den ersten Jahrzehnten des 19. Jahrhunderts in diesem Kulturraum präsent war. Kaspar Hauser wurde den Menschen als Kondensationspunkt spiritueller Impulse genommen und eine entsprechende politische Umsetzung blieb aus. Das aber scheint für den tragischen Fortgang der deutschen Geschichte von ausschlaggebender Bedeutung gewesen zu sein. Und so mag einem in diesem Zusammenhang ein für Rudolf Steiner ungewöhnlich rigoros anmutender Hinweis die Augen öffnen, dass jegliches politische Urteilen und Handeln dilettantisch bleibe, solange eine Völkerpsychologie beziehungsweise eine Seelenkunde der Völker und der in ihnen veranlagten Impulse außen vor bleibe.* [194] *„Dem Absturz in den geistlosen Nationalismus, der sich so zerstörerisch ausgewirkt hat, geht im 19. Jahrhundert der Verlust des wirklichen deutschen Geistes voraus",* wie Peter Tradowsky schreibt.[195] So entstand gewissermaßen ein Vakuum in den Herzen der Menschen, dessen Sog andere Kräfte für sich zu nutzen wussten. Es fehlte die Begegnung mit einer wahren mitteleuropäischen Geistigkeit, und das Zerrbild des Nationalsozialismus begann, den entstande-

* Siehe Bild I und II sowie S. 89ff.

nen „Hohlraum" im Innern der Menschen auszufüllen. Mit dem Wissen der Allgemeinheit um Wiedergeburt und das Gesetz von Ursache und Wirkung hätte der Nationalsozialismus niemals so einfach Fuß fassen können. Unterdrückung, Rassismus und Ausbeutung wird durch die Erkenntnis, dass wir auf dem langen Weg unserer individuellen Entwicklung über ganz verschiedene Inkarnationen natürlich auch verschiedenen Völkern angehören, schlichtweg der Boden entzogen.*

So kann man den Eindruck gewinnen, als sei die Chance in ihr Gegenteil verkehrt worden: Der Einzelne konnte nicht in Freiheit und im Bewusstsein eines übergeordneten Ganzen zu einer neuen Gemeinschaft finden, weil die entsprechenden gesellschaftlichen Voraussetzungen fehlten. So trat an die Stelle einer sozialen Individualisierung, die den Mitmenschen mit einbezieht, die Verführung der Massen.

Das Mitgefühl, das Mitleid mit anderen, dieser mit Kaspar Hauser so untrennbar verbundene Wesenszug, scheint im Zuge dieser Volksverführung wie ausgeblendet. Und Adolf Hitler wirkt, wie immer wieder erkannt wurde, in seiner unfassbaren Mitleidslosigkeit wie ein Gegenbild zu der Gestalt Kaspar Hausers.

1933, einhundert Jahre nach Kaspar Hausers Ermordung in Ansbach, hat der Nationalsozialismus die Macht in Händen. Adolf Hitler erklärt Nürnberg — wo Kaspar Hauser einst ins Licht der Weltöffentlichkeit trat — zur Stadt der Reichsparteitage und schürt von dort mit seinen nationalsozialistischen Parolen den Hass der Völker. Im Zuge dessen wird Europa herabgezogen zu einem Schauplatz „entmenschlichten" Handelns, zu einem Ort des Grauens. Es herrscht das „Dritte Reich" wie ein Gegenreich zu allen wahrhaft christlichen Impulsen. *„Hitlers Wirkung in Europa, ja in der Welt, war im Zerstörenden so*

* Das zeigt auch, wie absurd jene Versuche sind, Rudolf Steiner als Rassisten hinzustellen. Begriffe, die erst nach seinem Tod durch das Dritte Reich belastet wurden, versucht man, ihm ohne Kontextbezug vorzuwerfen. Sein einzigartiger Kulturimpuls, seine tiefe Liebe zum Menschen bis hin zur Heilpädagogik für geistig behinderte Menschen, werden dabei völlig ignoriert. — Aber warum sollte uns diese Feindseligkeit ihm gegenüber verwundern, schließlich gehört auch er zu jenen, die mit ihrer Hinterlassenschaft der geistigen Evolution des Menschen den Weg bahnen und mit entsprechenden Widerständen zu rechnen haben.

groß, wie sie von dem ‚Kind Europas' segenvoll hätte hervorgebracht werden sollen",[196] bemerkt hierzu Peter Tradowsky.*
In diesem Zusammenhang erscheint mir die Aussage des deutschen Historikers Friedrich Meinecke** erneut beachtenswert, dass *„das Werk Hitlers zu den Durchbrüchen eines satanischen Prinzips in der Weltgeschichte gerechnet werden muss".*[197] Mit dieser Aussage eröffnet Meinecke in der akademischen Geschichtswissenschaft eine neue Dimension des Denkens, denn mit der Anerkennung real existierender dunkler Mächte wird die geistige Welt als eine Tatsache in das historische Geschehen einbezogen. Realistisch denken, so Rudolf Steiner, bedeutet immer auch spirituell denken.[198] Dementsprechend macht er auch darauf aufmerksam, dass die wahren Katastrophen niemals diejenigen sind, die wir auf physischer Ebene verzeichnen, weil das äußere Geschehen letztlich nur eine Manifestation der Machtkämpfe sei, die sich auf geistiger Ebene abspielen.

Darüber hinaus existiert offenbar eine historische Gesetzmäßigkeit, die alles, was veranlagt wurde, nach genau bemessener Zeit in seine Konsequenz führt. Dies geschieht, spirituell gesehen, anscheinend durch einen Auferstehungsimpuls, der mit dem Christusereignis in Zusammenhang steht. Eine Menschengeneration von 33 Jahren reift demnach einen Gedankenkeim, einen Tatenkeim aus. Die Wirkung einer Tat vergrößert sich zudem rhythmisch gleich einer Welle im geschichtlichen Strom, bis sie schließlich wieder verebbt. 100 Jahre (3 x 33) nach der Ermordung Kaspar Hausers war folglich ein entsprechender Höhepunkt erreicht. Für Peter Tradowsky, der diese Gesetzmäßigkeit in seine Forschung mit einbezog, wurde somit auch ersichtlich, weshalb, gerade hundert Jahre nach der Ermordung Kaspar Hausers, die Katastrophe so vehement über Europa hereinbrechen musste und die destruktiven Kräfte eine solche Macht erlangen konnten.[199] [200] Es ist interessant, dass Henriette von Feuerbach, die Schwiegertochter Anselm Ritter von Feuerbachs und Tochter des behandelnden Arztes von Kaspar in Ansbach, offenbar diesen Zusammenhang ebenfalls, wenn auch intuitiv, erfasst hatte. So schrieb sie am 2. Januar

* Vgl. auch S. 179: Hakenkreuz beim Kaspar-Hauser-Denkmal im Ansbacher Schlosspark.
** Zur Person Friedrich Meineke siehe Fußnote *, S. 125.

1884 in einem Brief an ihren Neffen bezüglich Kaspar Hauser:* *„Hätte ich den vollgültigen Beweis, der noch aussteht, so würde ich ihn in eine eiserne Chatoulle sperren und darauf schreiben: Am 17. December 1933 zu eröffnen!"*[201] In einer tiefen Ahnung wurde also auch hier jener umfassende historische Zusammenhang geschaut: die Ermordung des „Kindes von Europa" 1833 und das Auftreten Adolf Hitlers 1933 im Zentrum Europas.[202]

Die Tragik, die in dem Schicksalsweg der Deutschen liegt und dem daraus hervorgegangenen Leid, kann folglich in der Polarität Kaspar Hauser–Adolf Hitler erkannt werden. Hierbei handelt es sich aber letztlich um einen Kampf auf spiritueller Ebene, in dessen Fokus die Bewusstseinsentwicklung der Menschen steht. *„Als spirituelles Geschehen kann diese Tragödie nur spirituell erfasst werden, sonst bleiben ihre wirklichen Dimensionen bedrückend verborgen"*, wie Tradowsky schreibt.[203] Und der Historiker Karl Heyer kommt angesichts der Ermordung Kaspar Hausers zu dem Schluss: *„Hausers Erdolchung in der Adventszeit 1833 erscheint wie vorverkündend — und ‚vorbewirkend' — das, was hundert Jahre danach ein Hitler dem deutschen Volk antat."*[204]

* Bei ihrem Neffen handelte es sich um den Stabsarzt Anselm Feuerbach.

Ausblick

Betrachten wir die gegenwärtige Situation unserer Gesellschaft, so lässt sich offensichtlich viel menschliches Leid auch darauf zurückführen, dass der Einzelne keine tragfähige Verbindung mehr zu sich selbst und der Welt verspürt. Mehr und mehr Menschen sehen sich den Verhältnissen, die aus einem undurchschaubaren Knäuel von Wirtschafts- und Staatsinteressen bestehen, schlichtweg ausgeliefert. Auch ist vielen die unmittelbare Erfahrung der Sinnhaftigkeit ihres Daseins in einer Leistungsgesellschaft abhanden gekommen, in der es häufig an grundsätzlicher Wertschätzung fehlt. Darüber hinaus bleibt es Millionen von Menschen verwehrt, sich mit einer Gesellschaft zu identifizieren, die sie — als potenziell arbeitsfähige Menschen — nicht mehr einzubinden versteht und die ganze Gruppierungen tendenziell zu einer sozialen und finanziellen Belastung der Allgemeinheit degradiert.*
Damit wird den Ablenkungs- und Zerstreuungsmanövern einer zum Teil geradezu grotesken Unterhaltungsindustrie Tür und Tor geöffnet, die den Menschen auf Dauer innerlich aushöhlt und seelisch-geistig versklavt. Es findet derzeit also im großen Stil eine Verkümmerung jenes inneren Potenzials statt, das uns als Menschen auszeichnet. Das Bemerkenswerte daran ist, dass dieses Geschehen genau dem entspricht, was mit der Gefangenhaltung Kaspar Hausers bezweckt wurde, auch wenn dies heute unter Anwendung entgegengesetzter Mittel erfolgt: So ist anstelle fehlender Reize die Reizüberflutung getreten,

* Dass hier in der Entwicklung etwas versäumt wurde, ist offensichtlich. Denn es ist uns immer noch nicht gelungen, die großartige Chance zu nutzen, die sich daraus ergibt, dass uns Maschinen einen Großteil der Arbeit abnehmen. Offenbar fällt es uns immer noch schwer, gewohnte Denkmuster hinter uns zu lassen. Es sei hier aber auch auf entsprechende Lösungsansätze verwiesen, wie zum Beispiel die notwendige Entkoppelung von Arbeit und Einkommen. Siehe auch Fußnote ***, S. 90.

mit der die Masse, quer durch alle Gesellschaftsschichten hindurch, in Bann gezogen wird. Das Zuviel wie das Zuwenig an Reizen lässt uns aber gleichermaßen innerlich erlahmen, so dass gegenwärtig ein Großteil der Bürger unserer so genannten Informationsgesellschaft kaum mehr in der Lage ist, selbstbestimmt und aus eigener Willenskraft das zu ergreifen, was sie „eigentlich" wollen.* Dabei geht es bei dem „eigentlich" innerlich Gewollten aber gerade um dasjenige, was uns den Weg zu einer individuellen Weiterentwicklung im Einklang mit einem übergeordneten Ganzen weist. Indem wir dem nachgehen, vermögen wir unsere Lebensaufgabe zu erfüllen, was zugleich der Schlüssel zu einem erfüllten Leben ist.
Im Gegensatz dazu erfahren viele Menschen eine massive Entfremdung von sich selbst und der Welt und es zeichnet sich immer mehr ab, dass dies nicht nur als persönliches Problem des Einzelnen anzusehen ist, sondern dass es sich hierbei um einen Vorgang handelt, der unser Leben innerhalb der Gesellschaft sowie auf der Erde als Ganzes gefährdet, weil das Gefühl für Verantwortung sich dabei zu verlieren scheint: auf der einen Seite durch Passivität oder Überforderung, auf der anderen Seite durch absolute Selbstbezogenheit. Was die Gesundung in einer solchen Situation anbelangt, so liegt diese vor allem in der Bewusstseinsbildung, dass wir tatsächlich mit allem, was wir tun oder unterlassen, etwas bewirken. Dies verleiht uns Bedeutung und kann somit sinnstiftend werden, indem es in uns ein Gefühl der Verantwortung begründet — gegenüber uns selbst, den Mitmenschen und der gesamten Schöpfung. Das Atomunglück in Japan 2011 beispielsweise hat diesbezüglich auch viele Menschen bei uns wachgerüttelt und deren Verantwortungsbewusstsein erweitert, so dass es für sie auf einmal nicht mehr tragbar war, ihren Strom weiterhin aus entsprechenden Quellen zu beziehen — und sie haben gehandelt!
Im Wissen also um die eigene Wirksamkeit und die Bedeutung, die dadurch unsere persönliche Existenz erfährt, wird Verantwortungsbewusstsein geboren.

* Z. B. beträgt der tägliche Fernsehkonsum durchschnittlich 4–6 Stunden, d. h., ausgehend von fünf Stunden täglich entspräche das 150 Stunden im Monat. Somit wird durchschnittlich (sofern man von acht Stunden Schlaf pro Tag ausgeht) weit mehr als eine ganze Woche im Monat ferngesehen!

Allerdings besteht einer der größten Angriffe auf den Menschen der Gegenwart genau darin, ihm eben diese Erfahrung zu entziehen. Auf politischer Ebene wäre beispielsweise die grundlegende Einführung der Direkten Demokratie längst fällig.* Aber auch das Wissen, dass wir auf Entwicklung hin angelegt sind, ist diesbezüglich von fundamentaler Bedeutung: Tatsächlich spricht sich der Entwicklungsgedanke in seiner Relevanz für unser Leben nirgendwo so deutlich aus als in der Erkenntnis, dass wir mehr als nur einmal hier auf Erden sind, also in der Lehre von Wiederverkörperung (Reinkarnation) und dem Wissen um das Gesetz von Ursache und Wirkung (Karma).

Gerade weil in unserem Kulturraum per Grundgesetz Glaubensfreiheit besteht, stimmt es nachdenklich, dass nach wie vor das öffentliche Vertreten des Reinkarnationsgedanken als esoterisch und letztlich unseriös abgetan wird. Dabei ist längst nicht nur der Erzbischof Louis Pasavali davon überzeugt, dass es einen wesentlichen Schritt vorwärts bedeuten würde, wenn es möglich wäre auch in kirchlichen Kreisen zu dem Gedanken *„der Wiedergeburt auf Erden"* öffentlich zu stehen, *„[...] denn damit ließen sich viele Rätsel lösen, die heute den Geist und den Verstand der Menschen als undeutliche Nebel bedrücken".*[205]

Es ist fragwürdig, wie die Würde des Menschen gewahrt bleiben soll, wenn einschneidende Schicksalserfahrungen durch Worte wie Zufall, Glück oder Pech von jeglichem persönlichem Bezug abgeschnitten werden und der Mensch einer sinnlosen Beliebigkeit beziehungsweise „einem unergründlichen Ratschluss Gottes" preisgegeben wird.

Demnach ist auch für den in Deutschland lebenden katholischen Theologen, ehemaligen Ordenspriester, Philosophen, Lehrer und Verleger Pietro Archiati ein Bewusstsein von Reinkarnation und Karma für ein zukunftsfähiges Christentum unerlässlich.[206] Hierbei muss es sich jedoch um einen zeitgemäßen Karmabegriff handeln, der nicht kurzsichtig auf ein Abrechnungsprinzip reduziert wird, sondern auf dem Gedanken der Entwicklung basiert, dessen christliche Dimension uns insbesondere Rudolf Steiner neu erschlossen hat.

* Wer dies für unmöglich hält, der überprüfe seine Zweifel am Beispiel der Schweiz, wo sich die Praxis direkter Demokratie bereits seit 1848 bewährt hat. Politik am Wählerwillen vorbei ist dort nur schwer möglich.

„Wir leben nicht um zu glauben, sondern um zu lernen", sagt der Vierzehnte Dalai Lama; oder mit den Worten James Hillmans* ausgedrückt: *„Jeder Mensch ist eine gute Idee, die Wirklichkeit werden will."*

Der Reinkarnationsgedanke — eine anthropologische Notwendigkeit?

Wir alle wissen, dass wir, sobald wir einen Menschen vor uns haben, nicht nur einem unbelebten Stück Materie gegenüberstehen. Wir wissen aus unmittelbarer Erfahrung, dass der Leib eines Menschen belebt ist und etwas beherbergt, das immateriell, also geistiger Natur ist. Wie sonst könnten wir über Bewusstsein verfügen, Gefühle, Gedanken und Willensimpulse in uns tragen sowie zur Selbstreflexion fähig sein? Was durch die Körperlichkeit des Menschen als Immaterielles „hindurchtönt" (per-sonare), ist die Individualität, der geistige Wesenskern des Menschen, das eigentliche Ich. Dieses Ich braucht natürlich als Grundlage, um im irdischen Dasein wirken zu können, einen physischen Leib.
Dabei lässt sich beobachten, dass der Menschen schon von Geburt an eine ganz eigene Persönlichkeit aufweist. Und es stellt sich die Frage, woher denn dieses „Eigene" kommt beziehungsweise wodurch es sich zu dem entwickeln konnte, was uns bereits bei der Geburt, ja früher noch, schon im Mutterleib „entgegentritt"?
Joseph Beuys, jener herausragende, naturwissenschaftlich geschulte Künstler des 20. Jahrhunderts — der, seiner Zeit weit voraus, von vielen verkannt und anfangs nur von wenigen verstanden wurde —, war fest davon überzeugt, dass die Geburt eines Menschen nicht nur ein biologisches Faktum sei, sondern zugleich ein Inkarnationsprozess jenes Anteils des Menschen, der auf früheren Erfahrungen basiert. Jeder Mensch, der auf die Welt kommt, habe folglich schon sehr viel durchlebt und bereits ganz andere Räume durchmessen,[207] wobei sich die Essenz der Erfahrungen seinem Wesen eingeschrieben hat.

* James Hillman ist Psychologe und Autor.

Unsere grundlegende äußere Gestalt ist zweifelsohne auf unsere kollektive Evolution als Gattung Mensch zurückzuführen. Aber ist es nicht angesichts dessen nur konsequent, auch bei unseren individuellen geistigen Anteilen unserer Persönlichkeit wie Joseph Beuys davon auszugehen: dass es ein Davor, auf einer früheren, in diesem Fall individuellen Entwicklungsstufe gegeben haben muss? Woraus sonst ließen sich die unglaublichen Unterschiede in unserem Inneren und das *Vorhandensein einer einzigartigen Biografie* bei jedem Menschen erklären? Dabei ist es bemerkenswert, dass wir eine Biografie, das heißt jenen individuellen Gang durchs Leben, im Tierreich so nicht finden. Denn wie das Leben eines Tieres verläuft, ist von seiner Gattung abhängig. Variationen im Leben eines Löwen zum Beispiel begegnen wir nur dort, wo die äußeren Umstände verschieden sind, das heißt, sie sind nicht das Resultat einer mit dem Menschen vergleichbaren inneren Unterschiedlichkeit der Löwen untereinander. So repräsentiert beispielsweise jeder Löwe die Gattung Löwe in vollendeter Form.[208] Jedes einzelne Tier dieser Gattung ist also bereits von Natur aus vollkommen Löwe und kann dies nicht durch persönliche Anstrengungen noch weiter steigern. Wie anders verhält sich dies hingegen bei uns Menschen!
„In der tierischen Entwicklung fehlt der Faktor ‚individuelle Weiterentwicklung'", wie die Ärztin und Autorin Michaela Glöckler bemerkt, *„der mit Offenheit, Risiko, Scheitern-Können, Aufgeben, Nullpunkt, Identitätskrise und der ganzen typisch menschlichen Selbstfindungsproblematik gegeben ist."*[209]
Es sei in diesem Zusammenhang auch der Hinweis Rudolf Steiners angeführt, dass derjenige, der über das Wesen der Biografie nachdenkt gewahr wird, *„dass in geistiger Beziehung jeder Mensch eine Gattung für sich ist".*[210] So tiefgreifend sind anscheinend die Unterschiede der Menschen untereinander, was ihren individuellen Entwicklungsweg betrifft. In jedem Menschen stehen wir so gesehen *„[...] einem ‚leibhaftig' gewordenen geistigen Wesen vom Rang einer ‚Gattung' gegenüber. Auch so kann ‚Menschenwürde'*, wie Jörg Ewertowski sagt, *‚konkret werden'."**[211] So ist es zum Beispiel für uns beim Verlust eines geliebten Menschen auch unverkennbar,

* Jörg Ewertowski wurde 1957 in Deutschland geboren, ist Germanist, Theologe, Philosoph und Buchautor.

dass mit ihm etwas durch nichts zu Ersetzendes von uns gegangen ist.
Wir tun also gut daran, davon auszugehen, dass neben der allgemeinen Entwicklung der äußeren Gestalt des Menschen noch eine innere, individuell fortschreitende geistige Entwicklung stattgefunden hat und fortwährend stattfindet, denn tatsächlich lässt sich die Biografie eines Menschen nicht einfach von dessen Vorfahren ableiten und auf Vererbung zurückzuführen.
Dem widerspricht nicht, dass in einer Familie bestimmte Begabungen gehäuft auftreten, wie zum Beispiel die musikalische Begabung in der Familie Bach, denn es macht natürlich für eine Individualität Sinn, sich genau dort zu inkarnieren, wo entsprechende Anknüpfungspunkte für eine Weiterentwicklung in eine bestimmte Richtung gegeben sind.
Demnach wird die Aussage von Joseph Beuys durchaus nachvollziehbar, dass: *„Reinkarnation, das wiederholte Leben der menschlichen Individualität in physischen Körpern, [...] vom Standpunkt einer exakten Anthropologie, ein durchaus notwendiger Gedanke [...]"* sei.[212] Der Tod eines Menschen wäre so betrachtet der Übergang von einem leibgebundenen zu einem leibfreien Zustand.
Bewundernswert schlicht, in nur einem Satz, vermochte Novalis dies in Worte zu fassen:

> *„Wenn ein Mensch stirbt, wird er Geist,*
> *Wenn ein Geist stirbt, wird er Mensch."*[213]

In der westlichen Hemisphäre hat sich jedoch ein Weltbild etabliert, das, obwohl es dem Menschen eine Existenz *vor* seiner Geburt nicht zugesteht, davon ausgeht, dass er *nach* seinem Tod weiterexistiert. Allerdings bleibt uns diese Betrachtungsweise die Erklärung schuldig, wie jene ewige Weiterexistenz des Menschen aussieht und wohin sie führt.
Die mit den in der Natur zu beobachtenden Kreisläufen in Übereinstimmung stehende Klarheit der Reinkarnationslehre hebt sich hiervon deutlich ab.
Auch wenn wir auf die Geschehnisse im Zusammenhang mit Kaspar Hauser blicken, ergibt sich erst mit der Grundannahme einer vorgeburtlichen Existenz — aus der jeder Mensch mit entsprechenden Fähigkeiten und konkreten Aufgaben ins irdische Dasein tritt — eine überzeugende Logik. Die Fokussierung

auf diesen Menschen, den wir als Kaspar Hauser kennen, und die ganze Vorgehensweise gegen ihn — nicht nur die Art seiner Gefangenhaltung, sondern die mit spirituellem Sachverstand betriebene Anwendung entsprechender Kenntnisse insgesamt an der Schnittstelle zwischen Körper und Geist* — können tatsächlich als Beleg für die Existenz von Wiederverkörperung und Schicksalsaufgabe gelten.
Ist es nicht eine Ironie des Schicksals, dass ausgerechnet jene, die diese Dimension vertuschen wollen, durch ihr Tun auf sie verweisen?

Die Verleugnung geistiger Gesetze oder die Sabotage der Offenbarung des Christuswirkens

Wenn wir also davon ausgehen, dass die okkulte Täterschaft bei Kaspar Hauser in bester Kenntnis der geistigen Gesetze zu handeln verstand, stellt sich die Frage: Woher kam, angesichts der Wirkung von Taten auf das eigene zukünftige Schicksal, überhaupt die Bereitschaft, ein derartiges Verbrechen zu verüben?
Als ich mich mit dieser Frage an Peter Tradowsky wandte, erhielt ich von ihm die Antwort, dass wir es hier mit einer *„neuen Dimension des Bösen zu tun haben, einem ‚Bösen', das nicht mehr auf Unkenntnis oder einem Irrtum basiert, sondern gewollt ist"*, offenbar mit dem Ziel, das Evolutionsprinzip von Ursache und Wirkung zu durchkreuzen, koste es, was es wolle.
Doch was ist „das Böse"? Ist es nicht die größtmögliche Entfernung vom Göttlichen, etwas, das sich von seinem Ursprung, von sich selbst unendlich entfernt hat? Somit wäre „das Böse" auch Teil der Schöpfung. Und ist es nicht gerade *das,* was in uns, wenn wir es denn erkannt haben, jene Kräfte wach ruft, die dem Guten verpflichtet sind? Indem wir uns aufgerufen fühlen, „dem Bösen" etwas entgegenzusetzen, gewinnen wir innerlich an Stärke. So lässt auch Goethe seinen Mephisto, als dieser von Faust gefragt wird, wer er denn sei, antworten: Ich bin *„[...]ein Teil von jener Kraft, die stets das Böse will und*

* Siehe S. 51f.

stets das Gute schafft".[214] Damit wird auch deutlich, wie sinnlos es ist, „das Böse" bekämpfen zu wollen, denn dies wird uns ebenso wenig gelingen wie das Vertreiben der Dunkelheit aus einem finsteren Raum. Aber indem wir Licht hereinlassen, wird es um uns heller werden. Dabei kann Licht gleichgesetzt werden mit Bewusstsein: Erst wenn wir uns bewusst sind, um was es eigentlich geht, können wir auch dem Dunkel entgegenwirken, das heißt dem Licht in uns mehr Raum geben, um Ersteres zu transformieren. Dabei kann Bewusstsein nicht nur auf uns, sondern auch auf unsere Umgebung erhellend wirken; eine Erfahrung, die jeder bestätigen wird, dem es gegeben war, einem Menschen zu begegnen, dessen Bewusstseinshorizont das gewöhnliche Maß überstieg. Die Essenz von Bewusstsein kommt dabei letztlich in einer allumfassenden Liebe zum Ausdruck, in welcher die Dualität überwunden ist.
Das Karmagesetz ist offenbar die Mitgift, die der Mensch zusammen mit der Freiheit erhalten hat. So gibt es den Ausspruch: „Tu, was du willst, und zahle dafür" oder in der biblischen Version: *„Was der Mensch sät, das wird er ernten."*[215] In die Freiheit entlassen, konfrontiert uns dieses universale geistige Prinzip also immer wieder mit den Konsequenzen unseres eigenen Tuns und Unterlassens, wodurch wir mit zunehmender Erfahrung und Bewusstseinsbildung unsere Selbstbestimmung mehr und mehr zu ergreifen vermögen.
Sind wir nicht von allen physischen Geschöpfen auf diesem Planeten die einzigen, die sich durch Kreativität auszeichnen, die Kulturen hervorgebracht haben und die zu bewusster Veränderung fähig sind, weil wir — im Gegensatz zum Tier, das seinem Instinkt folgt — etwas bejahen und verneinen können?

Uns allen ist das Christuswort geläufig: *„Was ihr einem von diesen meinen geringsten Brüdern getan habt, das habt ihr mir getan."*[216] Und das Gesetz von Ursache und Wirkung besagt wiederum, *dass wir alles, was wir einem anderen antun, uns letztlich selbst zufügen.* Interessant wird es nun, wenn man diese beiden Aussagen — wie Pietro Archiati — durch eine Synthese vereint, was tatsächlich in dem Moment möglich wird, indem wir von einem Christuskeim, der in jedem Menschen veranlagt ist, ausgehen.* Denn dann wäre es tatsächlich so, dass

* In der deutschen Schreibweise ICH klingt bereits die Verbundenheit

das, was ich einem Anderen zufüge, nicht nur auf mich selbst zurückwirkt, sondern auch auf den Christus(-Anteil) in mir.
Scheint nicht die geistige Evolution von uns Menschen darauf ausgerichtet zu sein, jenen Christuskeim, jenen Gottesfunken in uns, oder wie auch immer man es nennen will, zur Entfaltung zu bringen? Freilich ein langer Weg, denn wie oft wird dieser „Christusanteil" von uns selbst durch mangelnde Bewusstheit „gekreuzigt", weil wir in Situationen nicht ausreichend geistesgegenwärtig sind. Doch schließt die alles umfassende Liebe nicht auch das, unser Unvermögen, mit ein? Dürfen wir nicht aus Irrtümern lernen, wieder und wieder auf die Welt kommen, es aufs Neue versuchen und selbstbestimmt in unserer Entwicklung fortschreiten?
Überhaupt, ließe sich nicht die Gnade Gottes, anders als von der Kirche vermittelt, viel konkreter in dem Gedanken verdeutlichen, dass die göttliche Gnade bereits in der allumfassenden Liebe zum Ausdruck kommt, dass wir Menschen in die Freiheit entlassen wurden und darüber hinaus die Möglichkeit geschenkt bekamen, unsere Versäumnisse und Fehler in weiteren Erdenleben wieder auszugleichen und uns somit allmählich selbst zu erlösen, indem wir uns weiterentwickeln? Reinkarnation und Karma wären demnach der Ausdruck einer allumfassenden Gnade, die uns widerfährt, und Erlösung folglich ein Werk, das aus der Synthese dieser göttlichen Gnade und dem fruchtbaren Gebrauch unserer Freiheit als Mensch hervorgeht.[217] Ist es nicht das, was uns Menschenwürde verleiht, in Verbindung mit der großen Verantwortung für das Dasein auf Erden?
Der Kampf gegen solche Erkenntnisse ist letztlich ein Kampf, der sich gegen die geistige Evolution von uns Menschen als Individuen richtet. Dabei werden die göttlichen Weisheits- und Liebeskräfte, die sich in dem Gesetz von Ursache und Wirkung, dem Gesetz der Reinkarnation und unserer Freiheit aussprechen, verleugnet.
Wer versucht, den unergründlichen Ratschluss Gottes oder das vernichtende Prinzip des Zufalls als alleingültiges Faktum vor den Menschen hinzustellen, der nimmt in Kauf, dass sich der Einzelne in seinem Innern einer Macht- und Sinnlosigkeit aus-

unseres innersten Wesenskerns (unseres Höheren Ich) mit Christus in der Übereinstimmung mit dessen Initialen J. CH. an.

geliefert sieht, die ihm womöglich den Weg verbaut, sein Leben zu ergreifen und sich weiter zu entwickeln.

Der Reinkarnationsgedanke und die Zukunftsfähigkeit unserer Gesellschaft

Mehrfach hat Rudolf Steiner darauf hingewiesen, dass eine menschenwürdige Lösung der sozialen Fragen ohne die Anerkennung der Tatsache von Reinkarnation und Karma nicht möglich sei.[218] Und wir müssen uns tatsächlich fragen, was denn sonst, wenn nicht das Wissen um Reinkarnation und Karma, den heutigen, auf sich selbst bezogenen Menschen aus der Kurzsichtigkeit seiner materiellen Fixierung zu befreien vermag. Denn für den, der dieses den freien Willen zulassende Evolutionsprinzip erfasst, gewinnt das Wohlergehen aller durch das eigene Handeln grundlegend an Bedeutung: weil sich ein greifbarer Zusammenhang zwischen dem eigenen Tun und Unterlassen und den damit zu verantwortenden Folgen auftut, die wiederum zu Ursachen des eigenen Schicksals werden. Die Vorstellung, auf Kosten anderer einen Vorteil für sich selbst erzielen zu können, wird schließlich als Illusion, als Dummheit und Selbstbetrug erkannt[219] und nicht mehr als „geschäftliche Cleverness" positiv bewertet, wie dies zum Teil heute noch der Fall ist.
Doch das Aufkeimen einer Neugestaltung der sozialen Verhältnisse unseres Kulturraums, mit einem Hintergrundwissen über Reinkarnation und Karma, wurde offenbar auch schon mit Kaspar Hauser im Keim erstickt. Und zugleich wurde dem Ergreifen des Christentums auf einer neuen, individualisierten Ebene unter Einbeziehung des Entwicklungsgedankens kein Raum gegeben. Unsere Mitverantwortung für unser zukünftiges Schicksal konnte somit nicht Allgemeingut werden, und ein notwendiges Bewusstsein für das Ziel, Leben für Leben in der eigenen Vervollkommnung voranzukommen, ist weitgehend ausgeblieben.
Dabei wird immer deutlicher, dass viele Zeitgenossen mit den von der Kirche im Allgemeinen vermittelten Aussagen und deren Glaubwürdigkeit insgesamt innerlich nicht mehr mitgehen

können, aus entsprechenden Institutionen austreten* — und das, obwohl sie sich zum Teil sogar selbst als gläubig bezeichnen würden.
Gleichzeitig führt das Erleben von Sinnlosigkeit in Ermangelung eines tragfähigen Weltbildes und das Erleben gesellschaftlicher Perspektivlosigkeit bei immer mehr Jugendlichen zu einer inneren Leere, einem Ausgehöhltsein, das die Schattenkräfte im Menschen nährt. Die Zunahme von Resignation, Selbstbezogenheit, Wut und Hass, gekoppelt mit entsprechendem Medienkonsum, Drogenabhängigkeit und Gewalt macht dies deutlich.
Dem Wort *Hass* und einem *Hakenkreuz* begegneten wir denn auch, als wir nach unserem Museumsbesuch im September 2010 in Ansbach das Kaspar-Hauser-Denkmal im Hofgarten aufsuchten, das an jenem Orte errichtet wurde, wo man Kaspar am 14. Dezember 1833 niederstach. Das Denkmal befindet sich an einer dunklen, von dichtem Gebüsch bewachsenen Stelle des Schlossparks, wobei die Einfassung des Weges, der zertretene Kies, bei unserem Besuch ungepflegt wirkten und das Gebüsch mit Glasscherben und Abfällen verdreckt war (wo sind die Ansbacher Kaspar-Hauser-Freunde?). Nur wenige Schritte vom Denkmal entfernt stießen wir auf die oben genannten Zeichen — das Wort Hass und ein Hakenkreuz —, die in den Stamm einer alten Buche eingeritzt waren.
Letztlich ist darin auch der Ausdruck einer vom Leben alleingelassenen Seele zu sehen, der etwas wirklich Sinnstiftende abhanden gekommen ist. Vielleicht ließ dieser Mensch sich von der Energie des Ortes leiten, wo Hass und Verleumdung einem groß angelegten Lebensentwurf den Todesstoß versetzt hatten, und stigmatisierte so den Baum direkt am Kaspar-Hauser-Denkmal. Von der Polarität Kaspar Hauser–Adolf Hitler, die erstaunlicherweise auch hier wieder in Erscheinung tritt, war ja bereits im Bild XII, *Nicht gewordene Geschichte,* die Rede.

Dass mit der oben genannten Entwicklung die Zukunft unserer Gesellschaft auf dem Spiel steht, wurde bereits angesprochen. Wenn Menschen keine Perspektive mehr in ihrem Leben sehen, sich in ihrer Verlorenheit und in ihrem Schmerz in sich selbst

* Nach Angaben der Deutschen Bischofskonferenz in Bonn erklärten im Jahr 2010 181.193 Katholiken ihren Austritt aus der Kirche.

zurückziehen, in virtuelle Welten flüchten oder sich einzig über Gewalt und Brutalität auszudrücken verstehen: geht es dann nicht darum, wieder einen Zugang zu etwas Sinnstiftendem zu ermöglichen? Tatsächlich vermag hier die Herausbildung der tiefen inneren Überzeugung wachzurütteln, dass alles, was ich tue oder auch unterlasse, von Bedeutung ist, weil ich mit den Folgen verbunden bleibe, die in der Zukunft beziehungsweise in einem nächsten Leben von mir selbst in ihrer Konsequenz zu durchleben sind. Wenn diese Überzeugung in einem Menschen lebe, so Archiati, dann erwachse ihm auch die Kraft, aus sich selbst heraus das, was anderen schadet, nicht mehr zu wollen und schließlich auch nicht mehr zu tun.[220]
Durch diese Erweiterung der Perspektive besteht zumindest die Möglichkeit, dass der Einzelne wieder einen Bezug und einen Sinn zu dem, was er tut oder unterlässt, erfährt. Dass sich ihm damit auch wieder ein Weg zu seinen inneren Ressourcen, zu seiner Herzensintelligenz erschließt, bleibt zu hoffen. Selbst wenn eine entsprechende Verhaltensänderung anfänglich noch egoistisch motiviert sein mag, so gewinnt doch das Wohlergehen der Anderen zunehmend an Bedeutung. Dabei prognostizierte uns Archiati: Wenn der Westen an dieser Jahrtausendwende nicht ein Bewusstsein von Reinkarnation und Karma erlangt, wird eine kulturelle Epidemie ungeahnten Ausmaßes von innerer Auflehnung und Zerstörungswut ausbrechen. *„Die Menschen werden nicht wissen, woher das kommt. Die Vorstellung, dass man nur einmal für kurze Zeit auf der Erde lebt, wird im Unbewussten ganz unerträglich werden, weil sie in der Tat mit der Entwicklung des Menschengeistes vollkommen unverträglich ist. Die andere Alternative zum Aggressivwerden ist die Zunahme der Depression und der Resignation, die schon ein bedrohliches Ausmaß erreicht hat."*[221]

Ist nicht allein schon der Begriff „Anti-Aging" Ausdruck eines verzweifelten Versuchs, uns gegen Lebensprozesse zu stemmen, deren geistige Zusammenhänge wir nicht (mehr) verstehen?* Natürlich ist es sinnvoll, unsere Vitalität durch eine ent-

* Wären wir nicht alle schockiert, wenn ein Kind erklären würde, dass es nun Anti-Aging-Programme absolvieren wolle? Offenbar hängt die Angst vor dem Altern auch damit zusammen, dass es uns heute viel zu wenig gelingt, die sich während des Alterungsprozesses aus dem Körper zu-

sprechend gesunde Lebensführung zu erhalten, aber irgendwann neigt sich die Waagschale unweigerlich zur anderen Seite und das Altern ist nicht mehr aufzuhalten. Was vielen dann nur noch bleibt, ist Verzweiflung und Resignation. Auch deshalb scheint mir der Gedanke von Reinkarnation und Karma für unser Wohlergehen von grundlegender Bedeutung zu sein.

Dabei bleibt festzuhalten, dass der Reinkarnationsgedanke niemanden in seiner Entwicklung beeinträchtigt oder gar Schaden zufügt, selbst dann nicht, wenn sich diese Annahme als ein Irrtum herausstellen sollte. Vielmehr werden wir durch sie darin bestärkt, unseren Handlungen eine sinnvolle Ausrichtung zu geben, da sich nun ein greifbarer persönlicher Bezug zu den zu verantwortenden Folgen unseres Tuns und Unterlassens ergibt. Wir erhalten ein Bewusstsein davon, dass wir selbst es sind, die unsere eigene Zukunft gestalten. Dabei scheint *„die Weltgeschichte"*, wie dies schon Hegel formulierte, *„[...] der Fortschritt im Bewusstsein der Freiheit".*[222]

Jede Geburt eines Menschen verursacht Wellen, die sich in der sozialen Umgebung ausbreiten. Diese Wellen nehmen — entsprechend unserem Handeln — später weiter Gestalt an und setzen sich fort. So werden wir, ob es uns gefällt oder nicht, mit unserem Leben in der Welt Spuren hinterlassen. Friedrich Rittelmeyer, Pfarrer und Mitbegründer der Christengemeinschaft*, versucht uns dies mit folgenden Worten nahezubringen: *„Würden uns die Wirkungen, die von uns ausgehen, unaufhörlich in unserem Haus, in unserem Beruf, die hinausgehen in die Menschheit hinein, einmal nur einen Tag lang etwa als Strahlen sichtbar werden, wir würden tief erschrecken über die ungeheure Verantwortung, die wir haben, rein dadurch, dass wir leben und sind, tief erschrecken — und dann vielleicht uns tief geweiht fühlen!"*[223]

In der Tat verändert jede — gütige oder schädigende — Handlung das Maß an menschlichem Wohlergehen in der Welt. Un-

rückziehenden und damit freiwerdenden physischen Kräfte in Weisheitskräfte zu wandeln. Anscheinend war dies früheren Generationen noch mehr von alleine gegeben, wodurch sich auch die Achtung erklären lässt, die man den „Alten" in der Vergangenheit entgegenbrachte.

* Bei der Christengemeinschaft handelt es sich meines Wissens derzeit um die einzige christliche Kirche, die die Präexistenz des Menschen, also den Reinkarnationsgedanken, einschließt und damit ein umfassenderes Verständnis des Christentums ermöglicht.

sere Handlungen in diesem Leben werden nachhallen und die sich entwickelnde Zukunft mit gestalten.
Folglich ist es für die Zukunftsfähigkeit unserer Gesellschaft von fundamentaler Bedeutung, dass wir uns unserer tatsächlichen Schöpferkraft bewusst werden beziehungsweise unseres Potenzials, selbst Ursachen zu setzen, deren Auswirkungen darüber entscheiden, was in Zukunft möglich sein wird. Die hieraus erwachsende Verbundenheit mit der Welt befähigt uns, ein erfülltes Leben zu führen, insbesondere dann, wenn wir darüber hinaus erkennen können, dass wir Teil von etwas sind, das uns an Größe überragt und uns mit allumfassender Liebe umfängt.

Materialismus und Auferstehung

Der Mensch hat sich im Laufe der Evolution von den Göttern, die er in früheren Zeiten noch als übermächtig und alles bestimmend erlebte, emanzipiert. In der Auseinandersetzung mit der materiellen Welt erwachte er zur Selbstständigkeit, und indem er die Naturgesetze erforschte und schließlich zu nutzen verstand, verblasste die Erinnerung an seine geistige Heimat, der er entwachsen schien.
Es ist interessant, dass Joseph Beuys diese Entwicklung hin zum Materialismus in einem engen Zusammenhang mit dem Christusmysterium sieht. Der Materialismus hat in seinen Augen *„[...] das Prinzip des Todes herausgearbeitet".* Denn für den Materialisten ist das Göttliche nicht mehr wahrnehmbar. *„Wenn man das wie ein Mysterium anschaut, dann ist das nichts anderes als die Wiederholung des Mysteriums von Golgatha."*[224] Christus wurde gekreuzigt, fühlte sich verlassen von Gott, stellte sich in Frage, gab sich hin in tiefem Vertrauen auf die göttliche Weisheit, und es erfolgte seine Befreiung auf immaterieller Ebene, die Auferstehung. Wenn man dies im Sinne von Beuys betrachtet, stellt sich die Frage, worin denn heute für den Einzelnen die Auferstehung aus der Einseitigkeit des Materialismus bestehen könnte?
Nachdem der Mensch durch die Erfahrung der Eigenständigkeit, aber auch der geistigen Isolation hindurchgegangen ist, könnte die Auferstehung nun darin bestehen, in uns ein neues

„Ich" auszubilden; ein Ich, das weder der Materie verhaftet ist noch sich kindhaft an Göttliches klammert: das heißt ein freies Ich, das sich durch Selbst-Erkenntnis mit einem Höheren verbunden weiß und die Spannkraft besitzt, zwischen Himmel und Erde zu stehen.
Somit wären wir aufgerufen, uns ein immer umfassenderes Bewusstsein für unsere Freiheit — im Wissen um ein übergeordnetes Ganzes — zu erringen, welches uns letztlich befähigt, in einer Situation das jeweilige „Richtige" zu tun.
Wir könnten mit Rudolf Steiner dann von einem Handeln sprechen, das auf einem ethischen Individualismus basiert.* Ein solches Handeln würde auch der Tatsache Rechnung tragen, dass wir nur in Handlungen, die wir aus innerer Freiheit tun, unsere ganze Liebeskraft hineinzugeben vermögen.**
Nun lässt sich auch nachvollziehen, warum Joseph Beuys den Materialismus als eine „christliche Methode" versteht, die dem Menschen letztlich einen Weg zur *Selbsterkenntnis* über die Freiheit hin zur Liebe eröffnet hat.*** [225]
Gelingt es uns aber nicht, durch ein neues Weltverständnis die Einseitigkeit des Materialismus zu überwinden, so bleiben wir weit hinter den Möglichkeiten unseres Menschseins zurück — gewissermaßen ans Kreuz der Materie genagelt —, durch das Versäumnis, von unserer Freiheit bewusst Gebrauch zu machen und an uns selbst und der Welt gestaltend mitzuwirken. Die Zeiten sind ganz offensichtlich vorbei, in denen die Menschheit von spirituellen Mächten oder Hohepriestern und Eingeweihten direkt geführt wurde. Oder wie Joseph Beuys es formuliert: Die alten Evolutionskräfte sind aufgebraucht.

* Was den ethischen Individualismus betrifft, so sei auf das Buch: *Philosophie der Freiheit. Grundzüge einer modernen Weltanschauung, seelische Beobachtungsresultate nach naturwissenschaftlicher Methode* von Rudolf Steiner verwiesen; ein Werk aus dem Jahr 1894, dessen Aktualität unbestritten ist.
** Man denke nur an ein Ereignis, vielleicht aus der eigenen Kindheit, als man sich z. B., um die Mutter zu erfreuen, aus freien Stücken daran machte, den Tisch für die Familie zu decken. Mit Liebe war man dabei, doch in dem Moment, wo es aus der Küche hieß: „Decke doch mal den Tisch!", war alles dahin. Jeder wahrhaftig Eingeweihte ist demnach auch daran zu erkennen, dass er den freien Willen eines Anderen zutiefst achtet.
*** So gesehen war es also durchaus sinnvoll und von geistiger Seite offenbar auch gewollt, dass der Reinkarnationsgedanke für eine gewisse Zeit in unserem Kulturraum wie „ausgeblendet" war.

So liegt eine gewisse Tragik darin, dass bis heute im Grunde kein ausreichendes Bewusstsein für diese neue Dimension, die im Zuge der Evolution für uns Menschen relevant geworden ist, ausgebildet wurde. Tatsächlich sind aber die drängenden Probleme in der Welt doch jene, die wir selbst geschaffen haben. Wir sind es, die heute über das Schicksal der Erde bestimmen. So spricht Beuys auch von der Erde als Installation, als Kunstwerk, bei dem die „Proportionen" stimmen müssten (man denke nur an den Ausgleich zwischen Arm und Reich) und bei dem unsere Gestaltungskräfte gefordert sind. Joseph Beuys erweitert damit den Kunstbegriff auf das *Menschsein* und kommt zu einem anthropologischen Kunstbegriff.
Diese Aufforderung, gestaltend an der Welt mitzuwirken, birgt allerdings eine zweifache Verantwortung: Zum einen können wir nach wie vor „schuldig" werden durch das, was wir tun. Ich möchte dies in Anlehnung an Pietro Archiati als „Begehungssünden" bezeichnen.[226] Zum anderen ergibt sich heute mehr denn je für uns die Gefahr, auch „schuldig" zu werden durch das, was wir unterlassen, eben nicht tun; Archiati spricht entsprechend von „Unterlassungssünden".* Dabei ist für ihn der einseitige Blick auf Begehungssünden längst nicht mehr zeitgemäß,[227] weil wir es heute überwiegend mit dem Versäumnis zu tun haben, unsere Freiheit konstruktiv zu gebrauchen und Verantwortung zu übernehmen. Letzteres würde aber von uns verlangen, dass wir, immer weniger selbstbezogen, jenseits von Bequemlichkeit, Vorurteilen, Projektionen und Ängsten den Weg in die Freiheit beschritten. Hierfür bedarf es jedoch einer umfassenden *Liebe,* jener Essenz tatsächlicher Freiheit — welche Rudolf Steiner auch als die *moralische Sonne der Welt* bezeichnet —, die zu Entscheidungen aus Herzensintelligenz führt. Wenn wir es aber versäumen, uns in unserem Denken, Fühlen und Handeln auf den Weg zu machen, um jene zu werden, die wir sein könnten, werden wir mehr und mehr einer inneren Leere, der Selbstentfremdung begegnen, die gegenwärtig so viel Leid mit sich bringt. Dabei ist es die Trägheit unseres Herzens, die uns daran hindert, die Kluft zwischen Erkennen und Handeln zu überbrücken.

* Zu „Unterlassungssünden" sind Kinder bezeichnenderweise noch nicht fähig; sie können nichts im eigentlichen Sinn unterlassen oder versäumen, weil sie noch nicht die Freiheit der Wahl haben.

In einer Gesellschaft, in der die Folgen unseres Tuns häufig erst am anderen Ende der Welt oder erst mit großer zeitlicher Verzögerung sichtbar werden, tun wir uns erfahrungsgemäß leicht, uns wider besseren Wissens mit einer Selbstverständlichkeit an der Lebensgrundlage anderer zu vergreifen, ja wir billigen sogar moderne Formen der Versklavung unserer Mitmenschen für die Befriedigung unserer, oft nur vermeintlichen „Bedürfnisse". Somit ist die Trägheit des Herzens, von der schon Jakob Wassermann sprach, für die heutige Zeit geradezu symptomatisch geworden — jene Trägheit, die auch Kaspar Hauser 1833 sterben ließ. Wider besseren Wissens wurde es von zu vielen unterlassen, für ihn einzutreten.

— Tatsächlich bezieht sich der größte Schmerz der Menschen am Ende ihres Lebens meist nicht auf die Fehler, die sie begangen haben (sie hatten es damals eben nicht besser gewusst), sondern auf ihre Versäumnisse — die Trägheit ihres Herzens — und damit auf das Nicht-Gewordene. Denn im Nicht-Gewordenen auf persönlicher und historischer Ebene liegt die eigentliche Tragik.

Anhang

Gedhun Choekyi Nyima, das gestohlene Kind Tibets

Der weltweit geschätzte 14. Dalai Lama, Tenzin Gyatso, die höchste weltliche und religiöse Autorität Tibets, erklärte am 14. Mai 1995 *Gedhun Choekyi Nyima* zum 11. Panchen Lama, nachdem eine Findungskommission durch ein genau festgelegtes Verfahren in dem damals sechs Jahre alten Jungen die Reinkarnation des Buddha Amitabha, des Buddha des Unermesslichen Lichts, wieder erkannt hatte. Der Panchen Lama, eigentlich Panchen Rinpoche (tibetisch für *Großer Gelehrten-Juwel)* ist das zweithöchste religiöse Oberhaupt Tibets. Im Gegensatz zum Dalai Lama hat er jedoch traditionell ausschließlich religiöse Autorität und die Aufgabe, als Lehrer den nächsten Dalai Lama auf seine künftige Aufgabe vorzubereiten.

Doch bereits drei Tage nach der offiziellen Anerkennung von Gedhun Choekyi Nyima als 11. Panchen Lama verschwand der Junge mitsamt seiner Familie. Chinesische Sicherheitskräfte hatten ihn verhaftet und aus Tibet entführt. Gedhun Choekyi Nyima wurde hiermit zum jüngsten politischen Gefangenen der Welt. Aber damit nicht genug: Die Parteifunktionäre Chinas, eines offiziell atheistischen Regimes, besaßen zudem die Dreistigkeit, die Legitimität von Gedhun Choekyi Nyima zu bestreiten, dessen Ernennung für ungültig zu erklären und selbst ein anderes Kind als Panchen Lama zu proklamieren.

Man könnte davon ausgehen, dass es doch für die chinesischen Drahtzieher einfacher gewesen wäre, den entführten Panchen Lama durch eine entsprechende „Erziehung" zu manipulieren, um damit indirekt Einfluss auf die Tibeter zu gewinnen; schließlich wurde der Panchen Lama ja zutiefst vom tibetischen Volk verehrt und sie hätten mit seiner vollen Anerkennung rechnen können. Statt dessen versuchen die Chinesen, mit jenem Jungen Politik zu machen, den sie in die Rolle des Panchen Lama zwangen, für den der Dalai Lama nichts als Mitleid empfindet und dem der Rückhalt in der tibetischen Bevölkerung fehlt.

In diesem Vorgehen zeigt sich, dass die hierfür Verantwortlichen Chinas im Grunde den Geist und die Strahlkraft der Inkarnation des wirklichen Panchen Lamas fürchten, da sie offenbar letztlich genauso von dessen Potenzial überzeugt sind wie das tibetische Volk selbst. Warum sonst haben sie den legitimierten Panchen Lama austauschen lassen, wo doch abzusehen war, dass der „Ersatz" nicht anerkannt würde?
Obwohl die chinesische Regierung versichert, Gedhun Choekyi Nyima sei noch am Leben, fehlt bis heute von ihm jede Spur. Internationale Organisationen, die sich um eine Kontaktaufnahme bemühten und noch immer nach Beweisen verlangen, stoßen bei der chinesischen Regierung jedoch nach wie vor auf taube Ohren. Warum man anscheinend bisher davon absah, Gedhun Choekyi Nyima zu töten, legt die gleichen Beweggründe wie bei Kaspar Hauser nahe. So ist wohl davon auszugehen, dass Gedhun Choekyi Nyima irgendwo in China unter Hausarrest „dahinvegetiert". Dabei verpasst auch er — wie jener, von dem dieses Buch handelt — die Jahre des Unterrichts und der Vorbereitung für seine eigentlich Aufgabe, die so existenziell für die Zukunft des entsprechenden Kulturraums und dessen Ausstrahlung auf die Welt wäre.

Heute (2012) befindet sich Gedhun Choekyi Nyima — vorausgesetzt, er ist noch am Leben, in seinem 23. Lebensjahr. Hätte er seinem eigenen Schicksalsweg folgen dürfen, so würde ihn die Welt kennen, nicht zuletzt wegen der außerordentlichen Popularität des derzeitigen Dalai Lama, des Friedensnobelpreisträgers von 1998, dessen Pazifismus und Herzensintelligenz Mut machen, dass am Ende nicht Gewalt, sondern die Wahrheit siegen wird.

Anmerkung zu Rudolf Steiner

Zur Persönlichkeit Rudolf Steiners (1861–1925) möchte ich an dieser Stelle den niederländischen Mediziner, Autor und Gründer der Freien Universität Driebergen, Prof. Dr. Bernard Lievegoed (1905–1992), zu Wort kommen lassen: *„[...] es gibt im 20. Jahrhundert keinen Menschen, der so souverän auf der Höhe der Kultur und der Wissenschaft seiner Zeit stand und gleichzeitig so bewusst in einer geistigen Welt lebte, wie Rudolf Steiner."*[228]

Rudolf Steiner hielt allein über 6000 Vorträge unterschiedlichen Inhalts. Dabei umfasst sein weites Spektrum an Vortragsthemen praktisch alle Bereiche unserer Kultur: Pädagogik, Naturwissenschaft, Medizin, Kunst, Religion, Landwirtschaft sowie die übergeordnete Gestaltung von Kultur, Rechtsleben und Wirtschaft (Dreigliederung des sozialen Organismus). Neben 600 Notizbüchern ist uns der größte Teil seiner Vorträge in Nachschriften erhalten geblieben. Zudem verfasste er selbst etliche Bücher. Die Rudolf Steiner Gesamtausgabe umfasst derzeit 350 Bände.

In Anbetracht dessen mag die allgemeine Ignoranz gegenüber diesem Kulturimpuls ebenso erstaunen wie das krampfhafte Festhalten am Materialismus, in dem wir als Gesamtkultur wie gefangen sind. Dabei wird leider immer noch völlig verkannt, welch große Chance für eine fruchtbare Gestaltung unserer Lebensverhältnisse darin besteht, das Mysterium Mensch zwischen Geist und Materie neu zu begreifen.

Veranstaltungen

Anfragen für eine Kaspar-Hauser-Veranstaltung (Ausstellung der Bilder, Vortrag, Musik oder Seminar) richten Sie bitte direkt an die Autorin.

Verbleib der Bilder

Der Kaspar-Hauser-Bilderzyklus von Juliane Černohorsky-Lücke steht grundsätzlich zum Verkauf. Mit dem Erwerb der Gemälde ist jedoch die Auflage verbunden, dass der Bilderzyklus als Ganzes mit seinen 12 Bildern erhalten und der Öffentlichkeit zugänglich bleibt.

Kontakt:
Juliane Cernohorsky-Lücke
Pfarrer-Straub-Str.12
84048 Mainburg

Juliane.C.Luecke@t-online.de
www.praxisraum-lebenskunst.de

Literaturverzeichnis

[1] L. Bos, Die Templer, Stuttgart 1982, vgl. S. 12.
[2] Feuerbach zitiert in: J. Mayer/Tradowsky, Kaspar Hauser. Das Kind von Europa, Stuttgart 1984, S. 47.
[3] P. Tradowsky, Kaspar Hauser oder das Ringen um den Geist, Dornach/Schweiz 1981, vgl. S. 16.
[4] R. Steiner nach: Tradowsky, Kaspar Hauser oder das Ringen um den Geist, Dornach/Schweiz 1981, S. 139.
[5] J. Mayer/Tradowsky, Kaspar Hauser. Das Kind von Europa, Stuttgart 1984, vgl. S. 259.
[6] Vgl. Matthäus 2.
[7] J. Mayer/Tradowsky, Kaspar Hauser. Das Kind von Europa, Stuttgart 1984, vgl. S. 259 ff.
[8] K. Heyer, Beiträge zur Geschichte des Abendlandes, Band IX: Kaspar Hauser und das Schicksal Mitteleuropas im 19. Jahrhundert, Stuttgart 1964, S. 209.
[9] K. Heyer, Beiträge zur Geschichte des Abendlandes, Band IX: Kaspar Hauser und das Schicksal Mitteleuropas im 19. Jahrhundert, Stuttgart 1964, S. 155.
[10] R. Steiner nach: Tradowsky, Kaspar Hauser oder das Ringen um den Geist, Dornach/Schweiz 1981, S. 139.
[11] P. Tradowsky, Kaspar Hauser oder das Ringen um den Geist, Dornach/Schweiz 1981, vgl. S. 140.
[12] Goethe zitiert in: K. Heyer, Beiträge zur Geschichte des Abendlandes, Band VIII: Sozialimpulse des deutschen Geistes im Goethe-Zeitalter, 1954, Anm. 170.
[13] F. Mehle, Der Kriminalfall Kaspar Hauser, Basel 1995, S. 39 ff.
[14] J. Mayer/Tradowsky, Kaspar Hauser. Das Kind von Europa, Stuttgart 1984, S. 241
[15] J. Mayer/Tradowsky, Kaspar Hauser. Das Kind von Europa, Stuttgart 1984, S. 246, 248
[16] Näheres hierzu siehe F. Klee, Neue Beiträge zur Kaspar-Hauser-Forschung, Nürnberg 1929, S. 53 ff.

[17] F. Klee, Neue Beiträge zur Kaspar-Hauser-Forschung, Nürnberg 1929, S.53 ff.
[18] J. Mayer/Tradowsky, Kaspar Hauser. Das Kind von Europa, Stuttgart 1984, vgl. S. 755 ff.
[19] R. Biedermann, 2003, Kaspar-Hauser-Nachrichten, Offenbach am Main, Nr. 1, vgl. S. 15.
[20] R. Biedermann, 2003, Kaspar-Hauser-Nachrichten, Offenbach am Main, Nr. 1, S. 16.
[21] J. Mayer/Tradowsky, Kaspar Hauser. Das Kind von Europa, Stuttgart 1984, S. 769 ff.
[22] F. Mehle, Der Kriminalfall Kaspar Hauser, Basel 1995, S. 89.
[23] Leonhardt, Prinz von Baden genannt Kaspar Hauser, Reinbek bei Hamburg 1987, S. 106.
[24] Kaspar Hauser zitiert in: F. Mehle, Der Kriminalfall Kaspar Hauser, Basel 1995, S. 111.
[25] R. Steiner nach: P. Tradowsky, Kaspar Hauser oder das Ringen um den Geist, Dornach/Schweiz 1981, vgl. S. 104 u. 272.
[26] Marie-Monique Robin, Le monde selon Monsanto: de la dioxine aux OGM, une multinationale qui vous veut du bien, 2008.
[27] Vgl. P. Tradowsky, Kaspar Hauser oder das Ringen um den Geist, Dornach/Schweiz 1981, S. 102.
[28] P. Tradowsky, Kaspar Hauser oder das Ringen um den Geist, Dornach/Schweiz 1981, vgl. S. 16.
[29] J. Mayer/Tradowsky Kaspar Hauser. Das Kind von Europa, Stuttgart, 1984, S. 761.
[30] R. Haas, Stephanie Napoleon, Mannheim 1978, S. 83.
[31] U. Leonhardt, Prinz von Baden genannt Kaspar Hauser, Reinbek bei Hamburg 1987, S. 322.
[32] U. Leonhardt, Prinz von Baden genannt Kaspar Hauser, Reinbek bei Hamburg 1987, vgl. S. 223.
[33] Kaspar Hauser zitiert in: U. Leonhardt, Prinz von Baden genannt Kaspar Hauser, Reinbek bei Hamburg 1987, S. 332.
[34] P. Tradowsky, „Aufs neue nach so langer Frist soll ich beschimpft, zertreten werden", Dornach/Schweiz 1998, vgl. S. 44.
[35] A. Feuerbach zitiert in: F. Mehle, Der Kriminalfall Kaspar Hauser, Basel 1995, S. 201 ff.
[36] P. Tradowsky, Kaspar Hauser oder das Ringen um den Geist, Dornach/Schweiz 1981, vgl. S. 63.
[37] J. Mayer/Tradowsky, Kaspar Hauser. Das Kind von Europa, Stuttgart 1984, S. 20.

[38] J. Mayer/ Tradowsky, Kaspar Hauser. Das Kind von Europa, Stuttgart 1984, S. 24.
[39] U. Leonhardt, Prinz von Baden genannt Kaspar Hauser, Reinbek bei Hamburg 1987, S. 55.
[40] J. Mayer/Tradowsky, Kaspar Hauser. Das Kind von Europa, Stuttgart 1984, S. 20.
[41] Kaspar Hauser zitiert in: Leonhardt, Prinz von Baden genannt Kaspar Hauser, Reinbek bei Hamburg 1987, S. 347.
[42] U. Leonhardt, Prinz von Baden genannt Kaspar Hauser, Reinbek bei Hamburg 1987, vgl. S. 50.
[43] J. Mayer/Tradowsky, Kaspar Hauser. Das Kind von Europa, Stuttgart 1984, S. 285.
[44] J. Mayer/ Tradowsky, Kaspar Hauser. Das Kind von Europa, Stuttgart 1984, S. 17.
[45] Kaspar Hauser zitiert in: J. Mayer/Tradowsky, Kaspar Hauser. Das Kind von Europa, Stuttgart 1984, S. 26.
[46] E. Wasserzieher, Deutsches etymologisches Wörterbuch, Eigennamen, Hans und Grete, 1964.
[47] J. Mayer/Tradowsky, Kaspar Hauser. Das Kind von Europa, Stuttgart 1984, S.36 ff.
[48] A. Hilten zitiert in: J. Mayer/Tradowsky, Kaspar Hauser. Das Kind von Europa, Stuttgart 1984, S. 33.
[49] J. Mayer/Tradowsky, Kaspar Hauser. Das Kind von Europa, Stuttgart 1984, vgl. S. 54.
[50] A. Feuerbach zitiert in: P. Tradowsky, Kaspar Hauser oder das Ringen um den Geist, Dornach/Schweiz 1981, S. 44.
[51] A. Feuerbach zitiert in: P. Tradowsky, Kaspar Hauser oder das Ringen um den Geist, Dornach/Schweiz 1981, S. 45.
[52] G. Daumer, Mitteilungen über Kaspar Hauser, Dornach/ Schweiz 1983 (Nachdruck der 1832 erschienenen Ausgabe), S. 21.
[53] J. Binder zitiert in: J. Mayer/Tradowsky, Kaspar Hauser. Das Kind von Europa, Stuttgart 1984, S. 45.
[54] P. Tradowsky, Kaspar Hauser oder das Ringen um den Geist, Dornach/Schweiz 1981, vgl. S. 104.
[55] A. Feuerbach zitiert in: J. Mayer/Tradowsky, Kaspar Hauser. Das Kind von Europa, Stuttgart 1984, S. 327.
[56] A. Feuerbach zitiert in: J. Mayer/Tradowsky, Kaspar Hauser. Das Kind von Europa, Stuttgart 1984, vgl. S. 52.
[57] P. Tradowsky, Kaspar Hauser oder das Ringen um den Geist, Dornach/Schweiz 1981, vgl. S. 30.

[58] A. Feuerbach zitiert in: J. Mayer/Tradowsky, Kaspar Hauser. Das Kind von Europa, Stuttgart 1984, S. 52.
[59] J. Binder zitiert in: J. Mayer/Tradowsky, Kaspar Hauser. Das Kind von Europa, Stuttgart 1984, S. 44.
[60] Hauser nach: J. Mayer/Tradowsky, Kaspar Hauser. Das Kind von Europa, Stuttgart 1984, S. 60.
[61] J. Biedermann, 2003, vgl. Kaspar-Hauser-Nachrichten, Offenbach am Main, Nr. 1, S. 18.
[62] U. Leonhardt, Prinz von Baden genannt Kaspar Hauser, Reinbek bei Hamburg 1987, vgl. S. 233.
[63] Kaspar Hauser zitiert in: U. Leonhardt, Prinz von Baden genannt Kaspar Hauser, Reinbek bei Hamburg 1987, S. 233.
[64] Kaspar Hauser zitiert in: U. Leonhardt, Prinz von Baden genannt Kaspar Hauser, Reinbek bei Hamburg 1987, vgl. S. 233.
[65] Kaspar Hauser nach: J. Mayer/Tradowsky, Kaspar Hauser. Das Kind von Europa, Stuttgart 1984, S. 71.
[66] Tucher zitiert in: H. Pies, Dokumentation, 1966, S. 53 f.
[67] J. Mayer/Tradowsky, Kaspar Hauser. Das Kind von Europa, Stuttgart 1984, S. 358.
[68] J. Mayer/Tradowsky, Kaspar Hauser. Das Kind von Europa, Stuttgart 1984, S. 85.
[69] Kaspar Hauser zitiert in: J. Mayer/Tradowsky, Kaspar Hauser. Das Kind von Europa, Stuttgart 1984, S. 86.
[70] J. Mayer, Kaspar Hauser. Das Buch zum Film, Stuttgart 1994, S. 38.
[71] J. Mayer, Kaspar Hauser. Das Buch zum Film, Stuttgart 1994, S. 38.
[72] R. Steiner nach: Tradowsky, Kaspar Hauser oder das Ringen um den Geist, Dornach/Schweiz 1981, S. 139 f.
[73] P. Archiati, Jahrtausendwende — Menschheit wohin?, Stuttgart 1997, vgl. S. 69.
[74] Vgl. P. Archiati, Jahrtausendwende — Menschheit wohin?, Stuttgart 1997, S. 74.
[75] R. Speckner, Weleda-Nachrichten, 2001, Nr. 224, vgl. S. 18.
[76] Daniel Ofman, Qualität und Inspiration. Zugangswege zur Kreativität, Berlin 2005.
[77] Vgl. dazu Emil Bock, Wiederholte Erdenleben, Stuttgart, 1979.
[78] Goethes Gedichte in zeitlicher Folge, Nicolai, Frankfurt am Main 1986, S. 230.

[79] Goethes Gedichte in zeitlicher Folge, Nicolai, Frankfurt am Main 1986, S. 260.
[80] P. Tradowsky, Kaspar Hauser oder das Ringen um den Geist, Dornach/Schweiz 1981, vgl. S. 147, 272.
[81] Roland van Vliet, Der Manichäismus. Geschichte und Zukunft einer frühchristlichen Kirche, Stuttgart 2007, vgl. u. a. S. 9.
[82] F.Klee, Neue Beiträge zur Kaspar-Hauser-Forschung, Nürnberg 1929, vgl. S. 53 ff.
[83] P. Mayer/Tradowsky, Kaspar Hauser. Das Kind von Europa, Stuttgart 1984, vgl. S. 84 ff.
[84] G. Tucher zitiert in: J. Mayer/Tradowsky, Kaspar Hauser. Das Kind von Europa, Stuttgart 1984, S. 97.
[85] G. Daumer zitiert in: J. Mayer/Tradowsky, Kaspar Hauser. Das Kind von Europa, Stuttgart 1984, S. 99.
[86] Kaspar Hauser zitiert in: J. Mayer/Tradowsky, Kaspar Hauser. Das Kind von Europa, Stuttgart 1984, S. 529.
[87] Kaspar Hauser nach: J. Mayer/Tradowsky, Kaspar Hauser. Das Kind von Europa, Stuttgart 1984, S. 92.
[88] Kaspar Hauser zitiert in: U. Leonhardt, Prinz von Baden genannt Kaspar Hauser, Reinbek bei Hamburg 1987, S.131.
[89] Leonhardt, Prinz von Baden genannt Kaspar Hauser, Reinbek bei Hamburg 1987, vgl. S. 346.
[90] J. Fuhrmann nach: Tradowsky, Kaspar Hauser oder das Ringen um den Geist, Dornach/Schweiz 1981, vgl. S. 53.
[91] J. Mayer, Philip Henry Lord Stanhope, der Gegenspieler Kaspar Hausers, Stuttgart 1988, vgl. S. 209.
[92] U. Leonhardt, Prinz von Baden genannt Kaspar Hauser, Reinbek bei Hamburg 1987, vgl. S. 270 ff., und F. Mehle, Der Kriminalfall Kaspar Hauser, Basel 1995, S. 30 und 33.
[93] K. Varnhagen zitiert in: K. Heyer, Beiträge zur Geschichte des Abendlandes, Band IX: Kaspar Hauser und das Schicksal Mitteleuropas im 19. Jahrhundert, Stuttgart 1964, S. 194 ff.
[94] F. Walter, Stephanie Napoleon. Lebensweg und Weggenossen, Baden-Baden, vgl. S. 10 und 336.
[95] F. Walter, Stephanie Napoleon. Lebensweg und Weggenossen, Baden-Baden, vgl. S. 395 f., und A. Borchardt-Wenzel, Die Frauen am badischen Hofe. Gefährtinnen der Großherzöge zwischen Liebe, Pflicht und Intrigen, Gernsbach 2001, S. 219.
[96] R. Mehle, Der Kriminalfall Kaspar Hauser, Basel 1995, S. 286.

[97] J. Binder zitiert in: J. Mayer/Tradowsky, Kaspar Hauser. Das Kind von Europa, Stuttgart 1984, S. 111.
[98] G. Tucher zitiert in: J. Mayer/Tradowsky, Kaspar Hauser. Das Kind von Europa, Stuttgart 1984, S. 113.
[99] G. Daumer, Mitteilungen über Kaspar Hauser, Hrsg. P. Tradowsky, Dornach/Schweiz 1983, S. 9.
[100] A. Feuerbach zitiert in: J. Mayer/Tradowsky, Kaspar Hauser. Das Kind von Europa, Stuttgart 1984, S. 147.
[101] Karoline von Bayern zitiert in: J. Mayer/Tradowsky, Kaspar Hauser. Das Kind von Europa, Stuttgart 1984, S. 531.
[102] Ludwig I. zitiert in: R. Mehle, Der Kriminalfall Kaspar Hauser, Basel 1995, S. 116.
[103] J. Mayer/Tradowsky, Kaspar Hauser. Das Kind von Europa, Stuttgart 1984, S. 183 ff.
[104] J. Mayer/Tradowsky, Kaspar Hauser. Das Kind von Europa, Stuttgart 1984, vgl. S. 180 ff.
[105] Stephanie Napoleon, zitiert in: J. Mayer, Philip Henry Lord Stanhope, der Gegenspieler Kaspar Hausers, Stuttgart 1988, S. 267.
[106] A. Feuerbach zitiert in: J. Mayer/Tradowsky, Kaspar Hauser. Das Kind von Europa, Stuttgart 1984, S. 206.
[107] J. Mayer/Tradowsky, Kaspar Hauser. Das Kind von Europa, Stuttgart 1984, S. 180.
[108] J. Mayer, Philip Henry Lord Stanhope, der Gegenspieler Kaspar Hausers, Stuttgart 1988, S. 543 ff.
[109] R. Mehle, Der Kriminalfall Kaspar Hauser, Basel 1995, S. 246.
[110] R. Biedermann, Kaspar Hauser: Neue Forschung und Aspekte I, Offenbach am Main 1998, vgl. S. 82–92.
[111] R. Mehle, Der Kriminalfall Kaspar Hauser, Basel 1995, S. 261.
[112] Kaspar Hauser nach: J. Mayer/Tradowsky, Kaspar Hauser. Das Kind von Europa, Stuttgart 1984, vgl. S. 225.
[113] J. Mayer, Philip Henry Lord Stanhope, der Gegenspieler Kaspar Hausers, Stuttgart 1988, S. 323.
[114] J. Wassermann, Caspar Hauser oder die Trägheit des Herzens, Stuttgart und Leipzig 1908.
[115] A. Feuerbach, Kaspar Hauser. Beispiel eines Verbrechens am Seelenleben des Menschen, 1832.
[116] J. Mayer/Tradowsky, Kaspar Hauser. Das Kind von Europa, Stuttgart 1984, vgl. S. 205.

[117] U. Leonhardt, Prinz von Baden genannt Kaspar Hauser, Reinbek bei Hamburg 1987, vgl. S. 204 ff.
[118] P. Tradowsky, Kaspar Hauser oder das Ringen um den Geist, Dornach/Schweiz 1981, S. 22.
[119] U. Leonhardt, Prinz von Baden genannt Kaspar Hauser, Reinbek bei Hamburg 1987, vgl. S. 287.
[120] U. Leonhardt, Prinz von Baden genannt Kaspar Hauser, Reinbek bei Hamburg 1987, vgl. S. 294.
[121] J. Mayer/Tradowsky, Kaspar Hauser. Das Kind von Europa, Stuttgart 1984, S. 45.
[122] F. Meinecke zitiert in: F. Heyer, Beiträge zur Geschichte des Abendlandes, Band IX: Kaspar Hauser und das Schicksal Mitteleuropas im 19. Jahrhundert, Stuttgart 1964, vgl. S. 286.
[123] R. Biedermann, Kaspar-Hauser-Nachrichten, Nr. 1, Offenbach am Main 2003, vgl. S. 6, und R.Biedermann, Kaspar Hauser: Neue Forschung und Aspekte, Offenbach 1998, S.182 ff.
[124] R. Biedermann, Kaspar-Hauser-Nachrichten: Nr. 1, Offenbach am Main 2003, vgl. S. 5 f.
[125] R. Biedermann, Kaspar-Hauser-Nachrichten: Nr. 1, Offenbach am Main 2003, vgl. S. 6.
[126] J. Mayer, Philip Henry Lord Stanhope, der Gegenspieler Kaspar Hausers, Stuttgart 1988, S. 507 ff.
[127] J. Mayer, Philip Henry Lord Stanhope, der Gegenspieler Kaspar Hausers, Stuttgart 1988, S. 312 ff.
[128] H. Fuhrmann zitiert in: Mayer/Tradowsky, Kaspar Hauser. Das Kind von Europa, Stuttgart 1984, vgl. S. 198.
[129] J. Mayer/Tradowsky, Kaspar Hauser. Das Kind von Europa, Stuttgart 1984, vgl. S. 198.
[130] R. Steiner zitiert in: Tradowsky, Kaspar Hauser oder das Ringen um den Geist, Dornach/Schweiz 1981, S. 236.
[131] R. Steiner nach: Tradowsky, Kaspar Hauser oder das Ringen um den Geist, Dornach/Schweiz 1981, vgl. S. 250 und 272.
[132] P. Archiati, Was ist Reinkarnation?, Dornach/Schweiz 1998, vgl. S. 37.
[133] Kaspar Hauser nach: J. Mayer/Tradowsky, Kaspar Hauser. Das Kind von Europa, Stuttgart 1984, S. 228.
[134] Kaspar Hauser nach: J. Mayer/Tradowsky, Kaspar Hauser. Das Kind von Europa, Stuttgart 1984, S. 226.
[135] J. Mayer/Tradowsky, Kaspar Hauser. Das Kind von Europa, Stuttgart, 1984, S. 642.

[136] J. Mayer/Tradowsky, Kaspar Hauser. Das Kind von Europa, Stuttgart 1984, S. 162 f.
[137] J. Mayer/Tradowsky, Kaspar Hauser. Das Kind von Europa, Stuttgart, 1984, S. 256.
[138] R. Biedermann, Kaspar Hauser: Neue Forschung und Aspekte I, Offenbach am Main 1998, vgl. S. 85 f.
[139] J. Mayer, Philip Henry Lord Stanhope, der Gegenspieler Kaspar Hausers, Stuttgart 1988, vgl. S. 495.
[140] J. Mayer, Philip Henry Lord Stanhope, der Gegenspieler Kaspar Hausers, Stuttgart 1988, vgl. S. 494 ff.
[141] J. Mayer/Tradowsky, Kaspar Hauser. Das Kind von Europa, Stuttgart 1984, S. 277.
[142] J. Meyer zitiert in: Mayer/Tradowsky, Kaspar Hauser. Das Kind von Europa, Stuttgart 1984, S. 277.
[143] G. Daumer, Kaspar Hauser. Sein Wesen, seine Unschuld, seine Erduldung und sein Ursprung, Regensburg 1873, S. XXIII.
[144] Der SPIEGEL, Nr. 48/1996.
[145] Getuschte Federzeichnung: Kaspar Hauser mit dem „Rittmeisterbrief" (1828) von J. G. Laminit.
[146] G. Biedermann, Kaspar Hauser: Neue Forschung und Aspekte I, Offenbach am Main 1998, vgl. S. III.
[147] Der SPIEGEL, Nr. 48/1996, S. 259.
[148] Der SPIEGEL, Nr. 48/1996, S. 258.
[149] Der SPIEGEL, Nr. 48/1996, S. 3.
[150] J. Meyer zitiert in: Mayer/Tradowsky, Kaspar Hauser. Das Kind von Europa, Stuttgart 1984, S. 277.
[151] Der SPIEGEL, Nr. 48/1996, S. 258.
[152] P. Tradowsky, „Aufs neue nach so langer Frist soll ich beschimpft, zertreten werden", Dornach/Schweiz 1998, vgl. S. 12 ff.
[153] K. Heyer, Beiträge zur Geschichte des Abendlandes, Band IX: Kaspar Hauser und das Schicksal Mitteleuropas im 19. Jahrhundert, Stuttgart 1964, vgl. S. 274.
[154] R. Biedermann, 2003, vgl. Kaspar-Hauser-Nachrichten Nr. 2, Offenbach am Main, S. 49.
[155] Presseinformation zur *arte*-Sendung (französisch-deutscher Fernsehkanal) am 17. August 2002.
[156] GEO, Nr. 10/2002, S. 199.
[157] R. Biedermann, 2003, vgl. Kaspar-Hauser-Nachrichten Nr. 1, Offenbach am Main, S. 3.

[158] R. Biedermann, 2003, vgl. Kaspar-Hauser-Nachrichten Nr. 1, Offenbach am Main, Nr. 1, S. 11.
[159] Kaspar Hauser nach: J. Mayer/Tradowsky, Kaspar Hauser. Das Kind von Europa, Stuttgart 1984, vgl. S. 229.
[160] G. Daumer zitiert in: Mayer/Tradowsky, Kaspar Hauser. Das Kind von Europa, Stuttgart 1984, S. 231.
[161] R. Steiner zitiert in: Tradowsky, Kaspar Hauser oder das Ringen um den Geist, Dornach/Schweiz 1981, S. 59.
[162] J. Mayer/Tradowsky, Kaspar Hauser. Das Kind von Europa, Stuttgart 1984, S. 230.
[163] J. Mayer/Tradowsky, Kaspar Hauser. Das Kind von Europa, Stuttgart 1984, S. 282.
[164] R. Biedermann, 2003, vgl. Kaspar-Hauser-Nachrichten Nr. 1, Offenbach am Main, S. 18.
[165] Vgl. C. Hofer zitiert in: J. Mayer, Philip Henry Lord Stanhope, der Gegenspieler Kaspar Hausers, Stuttgart 1988, S. 462.
[166] G. Daumer nach: J. Mayer/Tradowsky, Kaspar Hauser. Das Kind von Europa, Stuttgart 1984, vgl. S. 275.
[167] J. Wassermann zitiert in: J. Mayer/Tradowsky, Kaspar Hauser. Das Kind von Europa, Stuttgart 1984, S. 271.
[168] J. Mayer, Philip Henry Lord Stanhope, der Gegenspieler Kaspar Hausers, Stuttgart 1988, S. 588.
[169] R. Biedermann, Kaspar Hauser: Neue Forschung und Aspekte I, Offenbach am Main 1998, vgl. S. 86.
[170] J. Mayer, Philip Henry Lord Stanhope, der Gegenspieler Kaspar Hausers, Stuttgart 1988, vgl. S. 594.
[171] J. Mayer, Philip Henry Lord Stanhope, der Gegenspieler Kaspar Hausers, Stuttgart 1988, vgl. S. 589 ff.
[172] G. Daumer zitiert in: Mayer/Tradowsky, Kaspar Hauser. Das Kind von Europa, Stuttgart 1984, S. 280.
[173] G. Daumer zitiert in: Mayer/Tradowsky, Kaspar Hauser. Das Kind von Europa, Stuttgart 1984, S. 279 f.
[174] R. Steiner zitiert in: K. Heyer, Beiträge zur Geschichte des Abendlandes, Band IX: Kaspar Hauser und das Schicksal Mitteleuropas im 19. Jahrhundert, Stuttgart 1964, S. 119.
[175] P. Tradowsky, Kaspar Hauser oder das Ringen um den Geist, Dornach/Schweiz 1981, vgl. S. 275 f.
[176] P. Tradowsky, Kaspar Hauser oder das Ringen um den Geist, Dornach/Schweiz 1981, vgl. S. 275 f.
[177] P. Tradowsky, Kaspar Hauser oder das Ringen um den Geist, Dornach/Schweiz 1981, vgl. S. 275 f.

[178] R. Steiner zitiert nach: K. Heyer, Beiträge zur Geschichte des Abendlandes, Band IX: Kaspar Hauser und das Schicksal Mitteleuropas im 19. Jahrhundert, Stuttgart 1964, vgl. S. 284.
[179] P. Tradowsky, Kaspar Hauser oder das Ringen um den Geist, Dornach/Schweiz 1981, vgl. S. 94.
[180] R. Wagner nach: K. Heyer, Beiträge zur Geschichte des Abendlandes, Band IX: Kaspar Hauser und das Schicksal Mitteleuropas im 19. Jahrhundert, Stuttgart 1964, S. 226.
[181] J. Mayer/Tradowsky, Kaspar Hauser. Das Kind von Europa, Stuttgart 1984, vgl. S. 197.
[182] K. Heyer, Beiträge zur Geschichte des Abendlandes, Band IX: Kaspar Hauser und das Schicksal Mitteleuropas im 19. Jahrhundert, Stuttgart 1964, vgl. S. 281.
[183] R. Steiner nach: K. Heyer, Beiträge zur Geschichte des Abendlandes. Band IX: Kaspar Hauser und das Schicksal Mitteleuropas im 19. Jahrhundert, Stuttgart 1964, vgl. S. 243.
[184] K. Heyer, Beiträge zur Geschichte des Abendlandes, Band IX: Kaspar Hauser und das Schicksal Mitteleuropas im 19. Jahrhundert, Stuttgart 1964, S. vgl. 243.
[185] Nietzsche zitiert in: K. Heyer, Beiträge zur Geschichte des Abendlandes, Band IX: Kaspar Hauser und das Schicksal Mitteleuropas im 19. Jahrhundert, Stuttgart 1964, S. 267.
[186] K. Heyer, Beiträge zur Geschichte des Abendlandes, Band IX: Kaspar Hauser und das Schicksal Mitteleuropas im 19. Jahrhundert, Stuttgart 1964, vgl. S. 267.
[187] K. Heyer, Beiträge zur Geschichte des Abendlandes, Band IX: Kaspar Hauser und das Schicksal Mitteleuropas im 19. Jahrhundert, Stuttgart 1964, vgl. S. 253 ff.
[188] F. Lassalle, zitiert in: Meyers Taschenlexikon, Mannheim 1992.
[189] K. Heyer, Beiträge zur Geschichte des Abendlandes, Band IX: Kaspar Hauser und das Schicksal Mitteleuropas im 19. Jahrhundert, Stuttgart 1964, S. 187.
[190] R. Steiner zitiert in: K. Heyer, Beiträge zur Geschichte des Abendlandes. Band IX: Kaspar Hauser und das Schicksal Mitteleuropas im 19. Jahrhundert, Stuttgart 1964, S. 241.
[191] K. Heyer, Beiträge zur Geschichte des Abendlandes, Band IX: Kaspar Hauser und das Schicksal Mitteleuropas im 19. Jahrhundert, Stuttgart 1964, S. 246.
[192] K. Heyer, Beiträge zur Geschichte des Abendlandes, Band IX: Kaspar Hauser und das Schicksal Mitteleuropas im 19.

Jahrhundert, Stuttgart 1964, S. 173.
[193] K. Heyer, Beiträge zur Geschichte des Abendlandes, Band IX: Kaspar Hauser und das Schicksal Mitteleuropas im 19. Jahrhundert, Stuttgart 1964, vgl. S. 187.
[194] R. Steiner nach: K. Heyer, Beiträge zur Geschichte des Abendlandes, Band IX: Kaspar Hauser und das Schicksal Mitteleuropas im 19. Jahrhundert, Stuttgart 1964, vgl. S. 249.
[195] J. Mayer/Tradowsky, Kaspar Hauser. Das Kind von Europa, Stuttgart 1984, S. 284.
[196] P. Tradowsky, Kaspar Hauser oder das Ringen um den Geist, Dornach/Schweiz 1981, S. 148 f.
[197] F. Meinecke zitiert in: K. Heyer, Beiträge zur Geschichte des Abendlandes, Band IX: Kaspar Hauser und das Schicksal Mitteleuropas im 19. Jahrhundert, Stuttgart 1964, S. 286.
[198] R. Steiner nach: K. Heyer, Beiträge zur Geschichte des Abendlandes, Band IX: Kaspar Hauser und das Schicksal Mitteleuropas im 19. Jahrhundert, Stuttgart 1964, vgl. S. 284.
[199] P. Tradowsky, „Aufs neue nach so langer Frist soll ich beschimpft, zertreten werden", Dornach/Schweiz 1998,vgl. S. 84.
[200] P. Tradowsky, Kaspar Hauser oder das Ringen um den Geist, Dornach/Schweiz 1981, S. 89 ff.
[201] H. Feuerbach zitiert in: Heyer Beiträge zur Geschichte des Abendlandes, Band IX: Kaspar Hauser und das Schicksal Mitteleuropas im 19. Jahrhundert, Stuttgart 1964, S. 126.
[202] P. Tradowsky, „Aufs neue nach so langer Frist soll ich beschimpft, zertreten werden", Dornach 1998, vgl. S. 82 f.
[203] P. Tradowsky, „Aufs neue nach so langer Frist soll ich beschimpft, zertreten werden", Dornach/Schweiz 1998, S. 91.
[204] K. Heyer, Beiträge zur Geschichte des Abendlandes, Band IX: Kaspar Hauser und das Schicksal Mitteleuropas im 19. Jahrhundert, Stuttgart 1964, S. 287.
[205] Erzbischof Louis Pasavali zitiert in: Thorwald Dethlefsen, Schicksal als Chance, München 1990, S. 249.
[206] P. Archiati, Erneuertes Christentum und Wiederverkörperung, Stuttgart 1996, vgl. S. 7.
[207] J. Beuys nach: V. Harlan/Rappmann/Schata, Soziale Plastik. Materialien zu Joseph Beuys, Achberg 1984, vgl. S. 90.
[208] R. Steiner, Theosophie, Stuttgart 1978, vgl. S. 57.
[209] M. Glöckler, Begabung und Behinderung, Stuttgart 2004, S. 34.
[210] R. Steiner, Theosophie, Stuttgart 1978, S. 57.

[211] J. Ewertowski, a tempo 01/2008. Was ist das: „Anthroposophie"?, S. 8 f.
[212] J. Beuys zitiert in: Harlan/Rappmann/Schata, Soziale Plastik. Materialien zu Joseph Beuys, Achberg 1984, S. 90.
[213] Novalis, Freiberger Studien (1798/99).
[214] J. W. Goethe, Faust. Der Tragödie erster Teil, Szene „Studierzimmer".
[215] Galater 6, 7.
[216] Matthäus 25, 40.
[217] P. Archiati, Erneuertes Christentum und Wiederverkörperung, Stuttgart 1996, vgl. S. 82, 136, 142.
[218] R. Steiner nach: Tradowsky, Kaspar Hauser oder das Ringen um den Geist, Dornach/Schweiz 1981, vgl. S. 83.
[219] P. Archiati, Erneuertes Christentum und Wiederverkörperung, Stuttgart 1996, vgl. S. 14.
[220] P. Archiati, Was ist Reinkarnation und Karma?, Dornach/Schweiz 1998, vgl. S. 17.
[221] P. Archiati, Was ist Reinkarnation und Karma?, Dornach/Schweiz 1998, vgl. S. 38.
[222] F. Hegel nach: K. Heyer, Beiträge zur Geschichte des Abendlandes, Band VIII: Sozialimpulse des deutschen Geistes im Goethe-Zeitalter, Stuttgart 1954, S. 30.
[223] F. Rittelmeyer, Menschen untereinander, Menschen füreinander, Stuttgart 1959, S. 15.
[224] J. Beuys zitiert in: Harlan/Rappmann/Schata, Soziale Plastik. Materialien zu Joseph Beuys, Achberg 1984, S. 49.
[225] J. Beuys nach: V. Harlan/Rappmann/Schata, Soziale Plastik. Materialien zu Joseph Beuys, Achberg 1984, vgl. S. 49.
[226] P. Archiati, Jahrtausendwende — Menschheit wohin?, Stuttgart 1997, vgl. S. 13.
[227] P. Archiati, Jahrtausendwende — Menschheit wohin?, Stuttgart 1997, vgl. S. 13.
[228] B. Lievegoed, Der Mensch an der Schwelle. Biografische Krisen und Entwicklungsmöglichkeiten, Stuttgart 2002, S. 97.

Angesichts der Fülle des Materials und meiner Notizen aus über zehn Jahren, die anfangs gar nicht für ein Buch bestimmt waren, ist es nicht ausgeschlossen, dass mir Quellenangaben entgangen sind. Ich bin bereit, dies umgehend zu berichtigen, sollte sich hierfür die Notwendigkeit und Möglichkeit ergeben, und bitte dies ggf. zu entschuldigen, denn es geht mir hier nicht um meine persönliche Leistung, sondern einzig um den Inhalt.

Juliane Černohorsky-Lücke,
geboren 1966 in Freiburg, studierte an der *Akademie der Bildenden Künste München*. Sie lebt mit ihrer Familie in Mainburg und ist Kunstlehrerin (OStR'in) am Gymnasium. Darüber hinaus hält sie Vorträge, leitet Seminare und ist in ihrem *Praxisraum für Lebenskunst* beratend tätig.

www.praxisraum-lebenskunst.de